부처는 이미 내 안에
있습니다

# 부처는 이미 내 안에 있습니다

미혹의 시대를 건너는
반야심경, 금강경, 천수경 필사집

원명

들어가는 글

# 부처가 일상에 들어오면 달라지는 것들

불가에 들어와 50년 동안 부처님의 가르침을 따라 수행하면서, 저는 경전 공부에 힘들어하는 수많은 불자들을 만나 왔습니다. 광활한 바다처럼 끝없이 펼쳐진 경전 속에서, 무엇을 마음에 새겨야 할지 혼란스러워하는 분들이 적지 않았습니다. 그들의 갈증과 혼란을, 저는 누구보다 깊이 이해합니다.

이 책은 대승불교의 대표 경전인 《반야심경》, 《금강경》, 《천수경》을 누구나 쉽게 이해할 수 있도록 우리말로 풀어낸 필사집입니다. 물론 한문에는 그 자체로 깊이와 함축이 담겨 있지만, 내용을 이해하지 못하면 경전 앞에서 좌절할 수밖에 없습니다. 다행히 조계종 종단의 한글 표준화 작업 덕분에 많은 불자들이 그 장벽을 넘을 수 있게 되었고, 저는 그 토대 위에서 불자들만 이해할 수 있는 전문 용어까지도 이 책을 통해 쉽게 풀어내려 했습니다. 젊은 세대의 불자들까지도 읽고 곧바로 이해할 수 있도록 집필한 이유입니다.

여기에 한 걸음 더 나아가, 경전을 필사하도록 구성했습니다.

경전을 공부하는 방법에는 읽는 간경看經, 소리 내어 외우는 독경讀經, 그리고 손으로 따라 쓰는 사경寫經이 있습니다. 그중 사경은 마음을 가라앉히고 뜻을 깊이 새기기에 가장 적합한 수행법입니다. 집에서도 조용히 실천하며, 마음과 손끝으로 경전을 체득할 수 있습니다.

요즘 한국에서는 손으로 글을 따라 쓰는 '필사 열풍'이 일종의 사회적 트렌드가 되었습니다. 불가에서는 이미 오래전부터 수행으로 이어온 전통이기에, 현대적 필사 열풍과 만나 더욱 뜻깊게 다가옵니다. 그러나 정작 불자들이 꾸준히 경전을 따라 쓸 수 있는 책은 부족했습니다. 이 책은 부처님의 말씀을 손끝으로 체득하고, 삶을 긍정적으로 바꾸고자 하는 모든 이를 위한 필사집입니다.

경전의 말씀은 시대와 세대를 초월한 지혜를 담고 있습니다. 젊은 세대도, 수행의 길을 오래 걸어온 분도, 나이와 배경에 상관없이 누구나 자신의 속도와 방식으로 글을 따라 쓰며 깨달음을 체험할 수 있습니다. 손끝에서 시작된 작은 움직임이 마음을 가라앉히고, 마음속 깊은 곳에서 평온과 지혜가 싹트며, 나아가 삶 전체를 바꾸는 큰 흐름으로 이어집니다.

이 책을 펼치는 순간, 세대와 상관없이 모두가 부처님의 가르침을 자신의 삶 속에서 살아 숨 쉬게 할 수 있는 기회를 갖게 됩니다. 어린 마음으로 시작하든, 오랜 수행의 길 위에서 시작하든, 경전의 구절구절을 따라 쓰는 행위 속에서 지혜와 자비, 평화가 점차 자신의 일부가 되어 삶을 풍요롭게 만드는 경험을 하게 될 것입니다.

필사는 단순히 글자를 옮겨 적는 행위가 아닙니다. 부처님의 말씀 속으로 마음을 깊이 들여보내는 명상이며 수행입니다. 조용히 앉아 경전을 따라 쓰는 동안, 마음은 고요히 가라앉고 번뇌는 사라지며 본래의 평온과 지혜가 빛을 냅니다. 바쁜 일상 속에서도 꾸준히 실천할 수 있는, 가장 강력한 마음 훈련이 될 것입니다.

필사 과정에서 얻는 깨달음은 책을 덮는 순간에 머물지 않습니다. 일상의 작은 선택, 인간관계, 마음의 반응 속에서 지혜로운 판단과 평온한 태도로 나타납니다. 이 책을 손에 쥐고 하루를 시작하거나 마무리할 때마다, 부처님의 공덕과 마음가짐이 자연스럽게 스며드는 체험을 하게 될 것입니다.

끝으로, 이 책을 통해 여러분의 마음에 흔들림 없는 안정과 평화가 깃들기를 바랍니다. 필사를 거듭하며 부처님의 가르침과 공덕이 자연스럽게 스며들고, 삶의 모든 순간마다 밝은 지혜와 평화가 이어지기를 진심으로 기원합니다. 손끝으로 써 내려가는 글 속에서, 부처님의 마음과 지혜가 여러분의 삶 속에도 살아 숨 쉴 것입니다.

원명

## 차례

들어가는 글 • 부처가 일상에 들어오면 달라지는 것들     4

### 1부 《반야심경》 삶이라는 고통의 바다를 건너는 부처의 지혜

**《반야심경》 필사를 시작하기 전에**     14
001 • 마음의 고통에서 벗어나다     22
002 • 어두운 방에 불을 밝히듯이     24
003 • 기꺼이 중생까지 구한다     26
004 • 몸과 마음은 사실 비어 있다     28
005 • 텅 비어 있는 그 자리에서 진실을 보다     30
006 • 지혜를 여는 문     32
007 • 아무것도 없지만 그것을 온전히 알아차림     34
008 • 비워야 볼 수 있는 진리     36
009 • 인과의 법칙마저도 공하다     38
010 • 인연법을 초월한 지혜     40
011 • 얻을 것이 없기에 비로소 얻는다     42
012 • 자신을 구속하는 것으로부터 벗어나다     44
013 • 사랑받지 못해도 사랑하는 마음으로     46
014 • 고통의 바다를 건너 만나는 평온한 안락     48
015 • 꿈에서 깨듯 미혹한 정신에서 깨어나라     50
016 • 지혜의 주문, 그 위대한 힘     52
017 • 깨달음을 향한 지혜     54
018 • 함께 아파하는 관세음보살     58
019 • 집착 없이, 바라는 마음 없이     60
020 • 내가 지킨 그것이 도리어 나를 지켜준다     62
021 • 억울하지만 참을 수 있는 이유     64
022 • 애쓰지 않아도 고요해지는 마음     68

## 2부 《금강경》 번뇌를 끊고 진리를 깨우는 부처의 칼

《금강경》 필사를 시작하기 전에 74
023 • 법회를 열게 된 인연 82
024 • 마음을 다스리는 법을 묻다 84
025 • 마음을 편안하게 하는 방법 86
026 • 모든 존재가 해탈하기를 바라다 88
027 • 아상, 인상, 중생상, 수자상 90
028 • 아상과 인상에 집착하지 않으려면 92
029 • 중생상과 수자상에 집착하지 않으려면 94
030 • 어떠한 상에도 집착하지 않으려면 96
031 • 참된 모습을 보는 눈 100
032 • 맑고 깨끗한 믿음의 힘 102
033 • 형상과 깨달음에 얽매이지 않는 복덕 104
034 • 깨달음도 가르침도 없다 108
035 • 부처님 가르침의 진정한 가치 110
036 • 인연에 따라 나타나는 진리의 모습 112
037 • 형상에 머물지 말라 116
038 • 어떤 것에도 머무르지 말라 118
039 • 참된 부처를 보는 길 120
040 • 있는 그대로 바라보기 122
041 • 깨달음의 경지에 집착하지 말라 126
042 • 네 가지 집착에 갇히는 마음 128
043 • 이루었다는 생각마저 비우는 경지 132
044 • 아름답게 꾸미지 않아서 아름다움 134
045 • 금강경 핵심 구절의 크나 큰 복덕 136
046 • 경전의 가르침이 지닌 무한한 공덕 140
047 • 진리는 이름 너머에 있다 142
048 • 형상에 집착하지 않는 사람이 곧 부처 144
049 • 두려움을 넘어서는 깨달음 148
050 • 진정한 의미를 향한 여정 150
051 • 집착 없는 마음으로 베푸는 공덕 152
052 • 헤아릴 수 없는 복덕 156

| | | |
|---|---|---|
| 053 | 경전의 가르침을 전하는 공덕 | 158 |
| 054 | 업장을 소멸하고 맑히는 공덕 | 162 |
| 055 | 모든 공양을 뛰어넘는 공덕 | 164 |
| 056 | 경전의 불가사의한 공덕 | 166 |
| 057 | 모든 중생을 깨닫게 했지만 한 것이 없다 | 168 |
| 058 | 실제 존재하지 않는 깨달음 | 170 |
| 059 | 깨달음은 이름이 없다 | 172 |
| 060 | 중생을 구제했지만 구한 바가 없는 보살 | 174 |
| 061 | 진정한 보살의 모습 | 176 |
| 062 | 과거 현재 미래의 어떤 마음도 붙잡을 수 없다 | 178 |
| 063 | 복덕에 얽매이지 말라 | 180 |
| 064 | 이름과 겉모습에 속지 말라 | 182 |
| 065 | 진정한 가르침은 말로 표현되지 않는다 | 184 |
| 066 | 최상의 깨달음을 위한 선법의 본질 | 186 |
| 067 | 가장 큰 복을 부르는 경전의 가르침 | 188 |
| 068 | 부처는 중생을 제도했지만 제도한 바가 없다 | 190 |
| 069 | 겉모습과 음성으로 부처를 찾지 말라 | 192 |
| 070 | 집착하지 않는 마음 | 194 |
| 071 | 극단적으로 버리고 떠나지 않는 삶 | 196 |
| 072 | 어떤 보시가 가장 위대한가 | 198 |
| 073 | 집착 없는 보시가 가장 큰 복덕이다 | 200 |
| 074 | 부처는 오고 가지 않는다 | 202 |
| 075 | 미세한 티끌도 실제로 없다 | 206 |
| 076 | 집착의 근원을 버려라 | 208 |
| 077 | '나'라는 환상에서 벗어나라 | 210 |
| 078 | 깨달음은 '무엇'이 아니다 | 212 |
| 079 | 진리에 대한 집착을 버려라 | 214 |
| 080 | 마음 없이 행하는 가르침 | 216 |
| 081 | 모든 것은 환영과 같다 | 218 |

## 3부 《천수경》 가장 탁월한 길로 이끄는 부처의 마음

| | |
|---|---|
| 《천수경》 필사를 시작하기 전에 | 224 |
| 082 • 모든 업을 깨끗이 하는 참된 주문 | 230 |
| 083 • 모든 신들을 편안하게 모시는 참된 주문 | 232 |
| 084 • 경전을 펼치며 마음을 다지는 게송 | 234 |
| 085 • 자비와 지혜를 구하며 | 236 |
| 086 • 소원을 이루는 주문의 힘 | 238 |
| 087 • 관세음보살님께 드리는 기도 | 240 |
| 088 • 지옥을 넘어 깨달음으로 | 242 |
| 089 • 불보살님께 귀의하는 마음 | 244 |
| 090 • 마음을 가다듬는 시작 | 246 |
| 091 • 우리의 간절한 염원이 이루어지기를 | 248 |
| 092 • 모든 중생을 고통에서 구제하신다 | 250 |
| 093 • 모두가 평안해지는 축복 | 252 |
| 094 • 청정한 도량에 부처님이 오시다 | 254 |
| 095 • 지난날의 잘못을 뉘우치다 | 256 |
| 096 • 죄업을 씻어 없애는 참회법 | 258 |
| 097 • 부처님들의 이름을 부르면 | 260 |
| 098 • 열 가지 악업에 대한 참회 | 262 |
| 099 • 죄와 참회에 대한 깊은 통찰 | 264 |
| 100 • 진정한 참회를 위해 알아야 할 죄의 속성 | 266 |
| 101 • 죄업을 뉘우치고 깨끗이 씻어내는 힘을 지닌 주문 | 268 |
| 102 • 마음을 맑히고 깨달음을 구하는 주문 | 272 |
| 103 • 모든 것을 이루는 힘에 귀의하는 주문 | 276 |
| 104 • 행복해지기를 | 278 |
| 105 • 부처님을 닮기 위한 열 가지 다짐 | 280 |
| 106 • 수행자가 세우는 네 가지 큰 다짐 | 284 |
| 107 • 마음속 네 가지 큰 서원 | 286 |
| 108 • 진정한 귀의 | 288 |
| | |
| **나가는 글** • 방향을 잃고 흔들리는 삶에 필요한 해법 | 290 |
| **부록** • 3대 경전 원문 | 293 |

1부

《반야심경》

삶이라는
고통의 바다를 건너는
부처의 지혜

### 마음을 다해 부처를 만나는 시간
# 《반야심경》 필사를 시작하기 전에

**아무것도 없음으로 충만한 상태, 공空**

《반야심경》은 대승불교의 핵심 경전으로, 불교 의식에 빠지지 않는 '약방의 감초'와도 같습니다. 특히 요즘처럼 의식이 간소화되는 시대에도, 《반야심경》만큼은 늘 빠지지 않습니다. 그 이유는 간결하면서도 불교의 핵심 가르침, 즉 공 사상을 담고 있기 때문입니다.

'반야般若'는 지혜를, '심心'은 핵심을, '경經'은 가르침을 뜻합니다. 즉, 《반야심경》은 '깨달음으로 이끄는 지혜의 핵심을 담은 경전'이라 할 수 있습니다.

《반야심경》은 존재의 실상을 깨닫고, 번뇌의 속박에서 벗어나도록 지혜를 전합니다. '나'라는 존재를 이루는 물질과 정신, 곧 색수상행식色受想行識이라는 오온五蘊이 모두 공함을 깨닫게 합니다. 있는 그대로 바라볼 때, 우리를 괴롭히는 모든 집착에서 벗어날 수 있습니다.

'공'은 아무것도 없다는 뜻이 아니라, 오히려 그 텅 빔 속에 충만함이 깃들어 있는 상태를 의미합니다. 진공묘유眞空妙有라 하여 "참으로 비어 있으면서도 묘하게 가득 존재한다"라고 요약할 수 있습니다. 이처럼 비어 있으면서도 충만하기 위해서는 유有에 대한 집착에서 벗어나야 합니다. 참된 공의 상태는 유를 초월한 묘유妙有입니다. 소유하면서도 집착하지 않는 무소유無所有의 정신으로 살아갈 때, 우리는 비로소 참된 소유인 묘유를 경험하게 됩니다.

공은 무아無我를 다른 말로 표현한 것입니다. '나'라는 고정된 실체가 없다는 깨달음은 불교의 가르침 중 하나입니다. 존재가 끊임없이 변한다는 사실을 통찰할 때, 무아의 이치를 깊이 이해하게 됩니다. 그때 우리는 모든 집착에서 벗어나 자유로움을 경험할 수 있습니다.

우리 눈에 보이는 모든 것은 인연에 따라 잠시 모였다가 흩어집니다. 내가 소유한 것들, 나와 연결된 사람들, 지위와 권력, 재산까지, 그 모든 본질은 텅 비어 있습니다.

'공'의 이치를 깨달으면, 우리는 세상의 모든 것에 대한 집착을 내려놓고 번뇌에서 벗어날 수 있습니다. 유한한 삶을 살아가는 우리에게, 지금 이 순간은 무엇보다 소중합니다. 만약 끝없는 시간 동안 원하는 모든 것을 얻을 수 있다면, 우리는 금세 무료함을 느끼고 지루해질 것입니다. 하지만 언젠가 사라질 것을 알때, 그 가치는 비로소 빛을 발합니다. 그래서 아픈 사람은 건강했던 시절을 그리워하며 소중함을 깨닫고, 사랑하는 이와의 이별 속에서 남은 빈자리를 느끼며 더 깊은 사랑을 알게 되는 것입니다.

세상은 영원하지 않다고 해서 무의미한 것이 아니며, 지금 가진 것들이 쓸모없다고 해서 아무렇게나 살아도 되는 것은 아닙니다. 지금 이 순간은 다시 오지 않기 때문에, 우리는 그 가치를 소중히 여길 수 있습니다. 내가 가진 것들도 시간이 지나면 생명력을 잃고 소멸하기 때문에, 더 신중하고 소중하게 사용해야 합니다. 몸과 마음도 늘 변화하기에, 지금의 상태에서 할 수 있는 최선을 다하는 마음이 필요합니다. 단순히 '한 살이라도 젊을 때 열심히 살자'는 의미가 아니라, 지금 내가 가진 몸과 마음을 이 순간의 유일한 것으로 여기고 소중히 대하는 것입니다.

그러기 위해서는 깨어 있는 마음으로 살아야 합니다. 《반야심경》이 전하는 지혜를 통해 정신을 깨울 수 있습니다. 허상과 같은 불필요한 집착을 놓고, 존재의 실상을 지혜의 빛으로 비추어 보기를 바랍니다. 밝은 지혜로 무명의 어둠과 어리석음을 버리고, 삶의 고통에서 벗어나 진정한 자유와 평화를 누리시길 바랍니다.

**"마음을 놓으면 자유로워진다"는 메시지**

《반야심경》은 고정된 실체가 없음을 통찰함으로써, 모든 번뇌와 고통에서 벗어나는 지혜를 전합니다. 관세음보살은 사리자에게 "오온(색수상행식)이 모두 공하다"는 진리를 가르치며, 존재의 본질을 깨달아 열반에 이르는 길을 제시합니다.

### ① 오온이 모두 공하다

色卽是空 空卽是色
색 즉 시 공    공 즉 시 색

우리를 이루는 다섯 가지 요소, 색(色, 물질·형태), 수(受, 느낌·감정), 상(想, 생각·표상), 행(行, 의지·무의식), 식(識, 의식·인식)은 모두 실체가 없이 텅 비어 있는 '공'입니다. 외부에서 보이는 모든 현상은 인연에 따라 잠시 나타났다가 사라지는 허상일 뿐이므로, 우리는 실체 없는 것에 집착하며 괴로워할 필요가 없습니다.

### ② 오온이 공함을 비추어 보고 모든 괴로움과 재앙을 건너다

照見五蘊皆空 度一切苦厄

조 견 오 온 개 공   도 일 체 고 액

반야의 지혜로 우리를 이루는 다섯 가지 요소, 오온이 모두 공함을 비추어 보면, 모든 괴로움과 재앙에서 벗어날 수 있습니다. 존재의 본질을 꿰뚫어 보는 순간, 모든 고통이 사라진다는 깨달음의 경지를 보여줍니다.

### ③ 공은 텅 비어 있으면서 충만한 상태

眞空妙有

진 공 묘 유

모든 것이 텅 비어 있다는 '공'은 아무것도 없다는 뜻이 아닙니다. 오히려 비어 있기 때문에 무한한 가능성을 지니고 자유롭게 존재할 수 있음을 의미합니다. 마치 텅 빈 그릇에 무엇이든 담을 수 있듯, 공은 모든 것을 가능하게 하는 묘한 '있음'입니다. 비어 있음 속에 담긴 충만함을 깨달을 때, 우리는 삶의 모든 가능성을 열린 마음으로 받아들일 수 있습니다.

### ④ 마음에 걸림이 없어 두려움이 없는 경지

**菩提薩陀 依般若波羅蜜多故 心無罣礙**
보 리 살 타　의 반 야 바 라 밀 다 고　심 무 가 애

**無罣礙故 無有恐怖 遠離顚倒夢想 究竟涅槃**
무 가 애 고　무 유 공 포　원 리 전 도 몽 상　구 경 열 반

보살은 위대한 지혜인 반야바라밀다에 의지하여 마음의 걸림을 놓습니다. 마음에 걸림이 없기에 두려움도 사라지고, 삿된 생각과 허황된 집착에서 벗어나 마침내 영원한 깨달음, 열반의 경지에 이르게 됩니다. 마음의 걸림을 내려놓는 순간, 우리의 일상 속에서도 깨달음의 빛이 서서히 스며듭니다.

### ⑤ 모든 고통을 없애는 주문

**揭諦揭諦 波羅揭諦 波羅僧揭諦 菩提 薩婆訶**
아 제 아 제　바 라 아 제　바 라 승 아 제　모 지　사 바 하

"가자, 가자, 피안으로 가자, 피안의 세계로 함께 가자, 깨달음을 이루어 영원한 안락을 얻자"라는 뜻의 주문입니다.《반야심경》의 마지막에 등장하는 이 주문은 모든 번뇌를 없애고, 진정한 열반과 평화를 가져다주는 위대한 말씀입니다.

**마음을 닦는 필사 수행법**

《반야심경》을 필사하는 것은 단순히 글자를 옮겨 쓰는 행위에 그치는 것이 아닙니다. 경전의 뜻을 깊이 마음에 새기며, 마음을 닦아 보세요.

### ① 한 글자 한 글자 정성을 다하기

경전을 읽으며 그 뜻을 마음에 새기고, 한 글자씩 천천히 또박또박 씁니다. 글자의 형태보다는 그 안에 담긴 의미에 집중하세요. 마음을 글씨에 담는다는 생각으로 필사하면, 글을 쓰는 시간이 곧 수행의 시간이 됩니다.

### ② 의미를 생각하며 필사하기

문장을 쓰면서 각 단어의 의미를 곱씹고, 문장이 전하는 바를 마음으로 되새깁니다. 예를 들어, "몸과 마음을 이루는 모든 것이 실체가 없다는 것을 꿰뚫어 보고"라는 구절을 쓸 때는, "몸과 마음이 실체가 없다는 것은 무엇을 의미할까?", "꿰뚫어 본다는 것은 단순히 보는 것과 어떻게 다를까?"와 같이 질문하며 깊이 사유해 보는 것입니다.

### ③ 의미를 되새기기

필사를 마친 뒤에는 잠시 필사본을 바라보며, 자신이 쓴 글을 통해 느낀 바를 마음에 새깁니다. 이 과정을 통해 필사의 의미가 온전히 드러나고, 마음에 평화가 깃들게 됩니다.

《반야심경》을 필사하는 동안, 바쁜 일상 속에서도 잠시 멈춰 서서 내면을 살피고, 삶의 진정한 의미를 되새기는 소중한 시간을 보내시기를 바랍니다.

# 마음의 고통에서
# 벗어나다

*001*

이와 같이 내가 들었다.
한때 부처님께서 왕사성 영축산에 머무르시며,
여러 대비구와 보살들과 함께 계셨다.
그때 부처님께서는 넓고 크며
완전한 몰입의 경지에 드셨으며
마음을 한곳에 집중하여
번뇌가 사라진 고요한 상태에 머물렀다.

그중 큰 깨달음을 구하는 위대한 보살이 있었다.
그는 관자재보살이었으며
깊은 지혜의 깨달음,
모든 것을 꿰뚫는 지혜를 행할 때
몸과 마음과 정신이 공한 것을 비추어 보았다.

모든 것이 고정된 실체가 없이
끊임없이 변화한다는 것을 꿰뚫어 보고,
그 깨달음으로 모든 괴로움에서 완전히 벗어나게 되었다.

# 어두운 방에
# 불을 밝히듯이

어두운 영역의 중생과
밝은 영역의 부처 사이에는
깨달음을 향해 수행을 하는 자, 즉 보살이 있다.

보살이 부처가 되고자
원력을 세우고 수행에 정진하면
어둠에서 밝음으로 나아간다.

어두운 영역이 줄어드는 만큼
밝은 영역이 늘어나지만
밝아진 만큼 어두운 그림자는 더 짙어진다.

짙어진 그림자에 낙망하지 말고
어두운 방에 불을 켜 전체를 밝히듯
단지 깨달음의 불을 밝히면 된다.

# 기꺼이 중생까지
# 구한다

보살이 부처가 되려면
고통으로 가득 찬 세상으로 나아가
괴로워하는 중생을 하나도 남김없이 구제해야
비로소 그는 부처가 된다.

더 나아가 모든 중생을 구제했음에도
자신이 중생을 구제했다는 생각마저 내려놓아야
모든 구속에서 벗어나 해탈할 수 있다.

타인을 남이라 여기지 않고,
자신과 하나라는 큰 자비심을 내어
이타적 행위를 하며 살아갈 때,
깨달음은 저절로 이루어진다.

자신이 깨닫는 해탈의 길과
타인을 고통에서 구하는 자비의 길은
별개의 길이 아니라 하나의 길이며
삶 속에서 늘 함께 이루어진다.

# 몸과 마음은
# 사실 비어 있다

*004*

부처님의 위대한 능력에 힘입어
사리불은 합장 공경하고 관자재보살에게 물었다.
진실로 깨달음을 구하는 이여,
완전한 수행을 행하고자 하면 어떻게 닦아야 합니까?

관자재보살은 부처님의 제자 중
지혜가 제일 뛰어난 사리불에게 말했다.
만약 진리를 구하는 모든 남녀가
완전함으로 나아갈 때,
마땅히 오온의 성품이 공함을 관찰해야 한다.

# 텅 비어 있는 그 자리에서
# 진실을 보다

세상 모든 것의 본질은 텅 비어 있는 자리다.
'이것'이라고 규정할 수 있는 고정된 실체는 없다.

모든 것은 늘 변화하고 성질이 바뀌므로, 고정된 무엇도 없다.
이 텅 비어 있는 진리를 깨달으면
모든 괴로움과 문제에서 벗어날 수 있다.

어리석은 중생은 허상을 실상으로 착각하며 살아간다.
실상은 있는 그대로의 모습이며,
어떤 하나의 고정된 실체는 존재하지 않는다.

# 지혜를 여는 문

006

형태가 있는 물질인 색은
실체가 없는 공과 다르지 않고,
공은 색과 다르지 않다.

드러난 모습이 곧 텅 빈 근원이고,
텅 빈 근원이 곧 드러난 모습이다.

느낌과 감정,
생각과 표상,
의지와 의도,
의식과 인식,
또한 모두 그러하다.

## 아무것도 없지만
## 그것을 온전히 알아차림

007

이 세상 모든 것은
텅 비어 있어 공하므로
생겨나지도 사라지지도 않으며,
더러워지지도 깨끗해지지도 않고,
늘어나지도 줄어들지도 않는다.

이 까닭에 공 가운데에는
형상을 가진 물질인 색이 없고,
느낌과 표상, 의도와 인식도 없다.

# 비워야
# 볼 수 있는 진리

눈, 귀, 코, 혀, 몸, 마음도 없으며,
물질, 소리, 향기, 맛, 감촉, 마음의 대상도 없다.

이들이 결합하여 일어나는 여섯 가지 의식 작용 또한 없다.

즉, 눈이 물질을 인식하는 의식이 없고,
귀가 소리를 듣는 의식이 없고,
코가 냄새를 맡는 의식이 없고,
혀가 맛을 보는 의식이 없고,
몸이 접촉하여 생기는 의식이 없고,
마음이 법을 인식하는 의식 또한 없다.

# 인과의 법칙마저도
# 공하다

진리를 알지 못하는 어리석음,
무명도 없고, 무명이 다함도 없다.

어리석음으로 일어나는 의도적 행위,
행도 없고, 행의 다함도 없다.

행위에 따라 형성되는 마음,
식도 없고, 식의 다함도 없다.

정신적 요소와 물질적 요소인 명색,
명색도 없고, 명색의 다함도 없다.

명색으로 생기는 여섯 감각기관,
눈, 귀, 코, 혀, 몸, 마음인
육입도 없고, 육입의 다함도 없다.

육입과 육경이 접촉하여 생기는 촉,
촉도 없고, 촉의 다함도 없다.

## 인연법을 초월한 지혜 *010*

우리가 느끼는
쾌락, 불쾌, 평온과 같은 감각은
끝이 없고 집착할 것도 없다.

즐거움에 매달리는 마음,
싫은 것을 피하려는 욕망,
무엇을 소유하려는 집착 또한 마찬가지다.

욕망 때문에 생기는 새로운 삶과 존재,
태어나서 겪는 늙음과 죽음과 같은 괴로움조차도
결국 본질이 없고 끝나지 않는 연속일 뿐이다.

# 얻을 것이 없기에
# 비로소 얻는다

인생은 괴로움이라는 진리,
괴로움은 욕심과 집착에서 비롯된다는 진리,
욕심을 버리면 괴로움이 사라진다는 진리,
괴로움을 소멸하는 여덟 가지 길에 대한 진리,

이 네 가지 성스러운 가르침도 없다.

지혜도 없고
지혜로 인해 얻는 것도 없느니라.
모든 것이 공한 경지에서는
지혜를 얻는 주체와
지혜라는 대상조차 존재하지 않기 때문이다.

## 자신을 구속하는 것으로부터 벗어나다

얻을 것이 없기에
보살은 깨달음을 향한 지혜에 의지한다.

얻고자 하는 마음은
자신을 속박하는 덫이 된다.
늪에 빠진 것과 같아
벗어나려 할수록 더 깊이 빠져든다.

바라는 마음을 내려놓는 것은
자신을 속박하는 고삐는 풀고
멍에를 내려놓아 자유로워지는 것이다.

그렇게 되면 세상의 그 누구도
그 어떤 것에도 나의 행복과 불행을 좌우할 수 없으며,
스스로 진정 원하는 삶을 만들어간다.

## 사랑받지 못해도
## 사랑하는 마음으로

보살은 중생을 자식처럼 지극히 사랑하고 보호하며
그들이 아픔 속에서도
언제든 의지할 수 있는 피난처가 되어준다.

그러면서도 베풀고 돕는다는 생각은 없다.
마치 자애로운 어머니가 자식을 아낌없이 사랑하듯,
괴로움은 없고, 더 주지 못하는 아쉬움만 있을 뿐이다.

중생이 괴로운 이유는
사랑받지 못해서가 아니라
사랑하지 않기 때문이다.

나를 사랑하지 않는 상대를
비난하는 것은 어리석은 것이다.
바꿀 수 없는 상대를
내 마음대로 바꾸려는 데서
번뇌가 시작되고 고통이 따른다.

# 고통의 바다를 건너
# 만나는 평온한 안락

*014*

모든 것을 꿰뚫는 지혜에 의지하므로
마음에 걸림이 없고
걸림이 없으므로 두려움도 없다.

보살은 뒤바뀐 헛된 생각을 멀리 떠나
완전한 열반에 들어간다.

과거, 현재, 미래의 모든 부처도
깊은 깨달음의 지혜를 의지하므로
최상의 깨달음을 얻는다.

완전한 지혜는
가장 신비하고 밝은 주문이며,
가장 높은 주문이자
그 무엇과도 견줄 수 없는 주문이다.

## 꿈에서 깨듯
## 미혹한 정신에서 깨어나라

015

극도로 괴롭고 힘든 상황이
단지 꿈이었다면 어떻겠는가?
꿈에서 깨면 고통에서 벗어날 수 있다.

악몽에서 깨듯
지금 자신의 그릇된 고정관념을 깨부수어라.
옳다고 믿는 절대적 신념까지도
틀릴 수 있다는 마음을 가져야 한다.

보살과 부처는 모두
완전한 지혜를 행하고
깨달음을 얻었기에
모든 괴로움에서 벗어났다.

# 지혜의 주문,
# 그 위대한 힘

이 지혜의 주문은
온갖 괴로움을 능히 없앨 것이고
진실하여 헛되거나 허망하지
않음을 알아야 할 것이다.

이제 반야바라밀다 주문을 전하리라.
아제아제 바라아제 바라승아제 모지 사바하

가자, 가자, 저 언덕 너머 깨달음의 세계로 건너가자.
모두 함께 저 언덕을 넘어
마침내 깨달음을 이루리라!

# 깨달음을 향한 지혜

017

사리불이여,
모든 위대하고 큰 보살은
깊은 깨달음의 지혜를 이와 같이 행한다.

관자재보살이 사리불에게 이렇게 전했고
부처님께서는 모든 것을 품는
고요한 마음의 집중에서 나오시어
관자재보살을 찬탄하셨다.

진실로 깨달음을 구하는 이여,
그대의 말이 다 옳다.
그대가 말한 바와 같이
깊은 깨달음의 지혜는
마땅히 그와 같이 행해야 하며,
이와 같이 행할 때
깨달음을 이룬 모든 분들이 한마음으로 기뻐하시느니라.

부처님께서 말씀을 마치시자,

장로 사리불은 크게 기뻐하였고,
위대하고 큰 관자재보살 또한 크게 환희하였다.
그때 함께 있던 하늘의 신들과 인간,
아수라와 건달바 등도 부처님의 말씀을 듣고
모두 크게 기뻐하며 믿고 받아들여
온전히 행하였다.

# 함께 아파하는
# 관세음보살

관자재보살은 곧 관세음보살이며,
고통에 신음하는 중생의 소리를 듣는다.
"이 세상 누구라도 괴로워한다면
내가 그 고통을 알아보고
모든 괴로움을 들어주겠다"는 큰 원을 세웠다.

누군가 괴로워하면
관세음보살은 그보다 더 빨리
괴로움을 알고 해결하려 한다.

그러므로 관세음보살과
그의 깨달음과 원력을 지극히 믿는다면
인생살이의 크고 작은 걱정은 금방 사라질 것이다.

관세음보살을 부른다는 것은
자신도 관세음보살처럼 살겠다는 결심을 의미한다.
나 또한 해탈하고, 남도 해탈하게 하는
보살이 될 수 있다는 믿음으로 정진하라.

# 집착 없이,
# 바라는 마음 없이

019

육바라밀에는 나누고 베푸는 것, 규칙을 지키는 것,
참을성, 꾸준함, 집중, 지혜가 있다.

이 중 보시,
즉 베풀고 나누는 수행은 고통의 바다를 건너는 수행법이다.
단순히 무언가를 주는 것만으로 완성되지 않는다.

중생을 돌보지 않고 오직 얻으려 하거나,
일반 수행자가 더 많이 얻기 위해서
베푸는 것은 참된 나눔이 아니다.

보살은 대가를 바라지 않고,
내 것이라는 집착 없이,
그저 도움을 줄 뿐이다.
마음까지 내려놓고 순수하게 베푸는 때,
비로소 참된 보시의 완전함이 이루어진다.

# 내가 지킨 그것이
# 도리어 나를 지켜준다

020

계율을 지키는 것만으로는 충분하지 않다.
생각하지 않고 자연스럽게 지키는 것이 진정한 계율의 실천이다.

어리석은 사람은 계율을 지키는 일을
무겁고 괴로운 일로 느낀다.
지혜로운 사람은 자신이 한 행동이
결과로 돌아온다는 것을 알고 있다.

그래서 그런 인연의 흐름을 이해하면
마음이 자유롭고 편안하다.
해야 할 일을 알고 즐겁게 실천하면,
계율은 더 이상 억제가 아니라 자유와 해방으로 다가온다.

## 억울하지만
## 참을 수 있는 이유

억울한 일을 당해도 참을 수 있는 이유는
자신의 그릇된 생각과 행동이
그 결과를 만들었음을 알기 때문이다.

이 사실을 모르고 옳고 그름을 따지며
자신의 판단이 절대적으로 맞다고 여긴다면,
분노가 치밀어 올라 참을 수 없게 된다.

인내의 수행은
옳고 그른 것이 없으므로
참을 것이 없는 상태를 의미한다.

어리석은 중생은 자신을 중심에 두고
앞과 뒤, 위와 아래, 이쪽과 저쪽으로 나눈다.

자신의 관념을 기준으로 선과 악을 분별하고
잘잘못을 따지므로 늘 자신이 옳고 상대를 틀렸다고 믿는다.

자신이 틀릴 수도 있다고 여기는 순간,
억울한 상황을 견딜 수 있으며
비로소 흔들림 없이 마음을
유지하는 수행을 실천할 수 있다.

# 애쓰지 않아도
# 고요해지는 마음

부지런히 닦고 꾸준히 나아가는 것이 정진바라밀이다.

좋은 마음과 싫은 마음은
상대가 좋거나 나쁘기 때문에 생기는 것이 아니다.

과거의 삶부터 지금까지
무의식 속에 쌓인 업이
좋고 싫음의 분별심을 만들어낸다.

이 분별심을 내려놓으면,
하기 싫은 일을 억지로 애쓰지 않아도
자연스럽게 행하게 된다.

흔들림 없는 몰입의 경지는 번뇌가 사라져
마음이 고요한 호수처럼 편안한 상태다.

마음은 원숭이 꼬리에 불을 붙인듯
늘 초조하고 불안하며 어디로 튈지 모를 만큼

산만하고 들떠 있다.

방황하는 마음을 알아차리고
호흡을 다스리며 가다듬어
한가로이 고요함을 유지하는 것이 선정이다.

# 2부

## 《금강경》

번뇌를 끊고
진리를 깨우는
부처의 칼

마음을 다해 부처를 만나는 시간
# 《금강경》필사를 시작하기 전에

**금강석처럼 단단하고 날카로운 부처님의 '지혜'**

《금강경》은 '금강반야바라밀경'의 약칭으로, 모든 번뇌를 끊고 깨달음에 이르는 지혜를 담은 경전입니다. '금강金剛'은 세상에서 가장 단단한 물질을 의미합니다. 이는 번뇌와 무지를 깨뜨리는 부처님의 지혜가 금강석처럼 단단하고 날카롭다는 것을 비유한 것입니다.

《금강경》에서는 어떤 것에도 머무르지 않고, 어떤 것에도 집착하지 않는 마음을 중요하게 여깁니다. 우리는 보통 돈, 명예, 인맥, 가족 관계 등 세상의 모든 것에 집착하며 살아갑니다. 하지만 《금강경》은 이 모든 것이 실체가 없는 '상相'일 뿐임을 가르칩니다. 집착 없이 베풀고 상에 얽매이지 않는 지혜를 통해 허상에 현혹되어 갈팡질팡하는 우리의 정신을 깨어나게 합니다. 고정된 실체가 없음을 깨닫게 하며, 모든 번뇌를 끊어내는 힘을 길러줍니다.

경전에서는 이렇게 안내합니다. "형상을 가진 것은 모두 허망하다. 형상을 가진 모든 것들을 헛된 환상이라고 볼 수 있을 때, 참된 실상이 드러날 것이다." 이는 우리에게 모든 고정관념과 집착에서 벗어나라고 가르칩니다. 선업을 쌓더라도 그 선한 행위에 집착하지 말고, 보시를 하더라도 '보시했다'는 생각조차 하지 말라고 합니다.

대가를 바라고 하는 선행이나 보시는 결국 고통을 낳습니다. 어떤 결과가 돌아오든 상관없다는 순수한 마음이 없다면, 우리는 집착의 굴레에서 벗어나지 못합니다. 그 결과, 오히려 선행과 보시를 베풀지 않느니만 못한 결과를 겪게 됩니다. 하지만 108번뇌를 끊겠다는 의지와 깨달음을 향한 순수한 마음이 있다면, 보이는 형상과 결과에 집착하지 않고 자유롭고 평온하게 살아갈 수 있습니다.

《금강경》을 필사하며 그 의미를 사유하는 동안, 우리는 '있음'과 '없음', '흑'과 '백'이라는 이분법적 사고와 고정관념에서 벗어나 자유로운 마음을 얻게 될 것입니다.

## "집착을 버려야 진리를 본다"는 메시지

부처님은 사위국 기원정사에서 수보리 장로의 질문에 답하며, 보살이 평온한 안락에 이르는 길과 집착 없는 순수한 보시의 중요성을 전하셨습니다. 보살은 대상에 대한 집착 없이 보시하고, 자아와 진리에 대한 고정관념을 내려놓아야 합니다. 《금강경》의 핵심 구절인 사구게四句偈를 마음에 지니고 전하는 것 또한 큰 복덕을 쌓는 방법이라고 합니다.

《금강경》의 모든 가르침은 강을 건너기 위한 뗏목과 같습니다. 강을 건넜다면 뗏목을 미련 없이 버려야 하듯, 가르침에 의지해 진리를 깨달았다면, 그 가르침마저도 놓아야 비로소 진정한 자유를 얻을 수 있습니다.

### ① '나'라는 생각을 버려라

**我相, 人相, 衆生相, 壽者相**
아 상, 인 상, 중 생 상, 수 자 상

'상'이란 사물을 고정된 모습으로 붙잡으려는 마음, 곧 집착을 뜻합니다. '나, 타인, 모든 존재, 영원한 생명'에 대한 집착은 실체가 있는 것처럼 굳게 붙드는 마음입니다. 이 집착은 깨달음을 방해하는 번뇌이므로, 우리는 이에 매이지 않고 자유로워야 합니다.

- 아상: '나는 특별하다', '내가 옳다'처럼 자기중심적으로 세상을 해석하는 태도
- 인상: '나는 너보다 낫다', '그는 나와 달라'처럼 사람을 비교·차별하는 태도
- 중생상: '우리 집단만 옳다', '우리 편이 최고다'처럼 특정 무리나 범주에 집착하는 태도
- 수자상: '나는 영원히 살고 싶다', '죽음이 두렵다', '불멸을 얻을 수 있다'는 환상에 매달리는 태도

부처님은 이 네 가지 집착을 깨부수어야 진정한 자유와 고통으로부터 해방에 이를 수 있다고 가르칩니다.

### ② 모든 형상은 허망하다

凡所有相 皆是虛妄

범 소 유 상   개 시 허 망

세상에 존재하는 모든 형상은 실체가 없이 끊임없이 변화합니다. 우리가 눈으로 보고, 귀로 듣는 모든 것은 덧없는 허상일 뿐입니다. 이 진리를 온전히 깨달을 때 비로소 집착에서 자유로워질 수 있습니다.

### ③ 머무는 바 없이 마음을 써라

應無所住 而生其心
응 무 소 주  이 생 기 심

눈으로 보고, 귀로 듣는 모든 감각이나 생각에도 마음을 묶어두지 말라는 가르침입니다. 어떤 대상에도 집착하지 않고 순수한 마음을 일으킬 때, 끝없는 복을 얻게 됩니다.

### ④ 진리는 겉모습에 있지 않다

若以色見我 不能見如來
약 이 색 견 아  불 능 견 여 래

진리의 참된 모습은 눈으로 보는 육체나 귀로 듣는 가르침에 있지 않습니다. 형식에 집착하면 진리를 볼 수 없습니다. 진리는 겉모습 너머, 본질에 있습니다.

### ⑤ 덧없는 일체 현상에서 깨어나라

一切有爲法 如夢幻泡影
일 체 유 위 법  여 몽 환 포 영

세상 모든 것은 꿈, 환영, 물거품처럼 덧없고 실체가 없습니다. 이 진리를 깨달아 겉모습에 얽매이지 않아야 합니다. 모든 형상과 현상에 집착하지 않을 때, 마음은 본질을 바라보고 진정한 자유를 얻습니다.

### ⑥ 깨달음마저도 놓아라

若阿羅漢 作是念
약 아 라 한    작 시 념

我得阿羅漢道 卽爲着我人衆生壽者
아 득 아 라 한 도    즉 위 착 아 인 중 생 수 자

'나는 아라한의 깨달음을 얻었다'라고 생각한다면, 그것은 곧 아상, 인상, 중생상, 수자상이라는 네 가지 상에 집착하는 것입니다. 아라한과 같은 깨달음의 경지에 올랐다 하더라도, '나는 깨달음을 얻었다'는 생각에 집착하는 순간, 그것은 또 다른 허상에 불과합니다. 깨달음의 이름이나 개념조차도 내려놓아야 합니다.

**모든 것을 내려놓는 필사 수행법**
《금강경》을 필사하는 것은 어디에도 머물지 않은 마음을 의미하는 '무주상無住相'을 기르는 훌륭한 수행입니다.

### ① 시작 전 마음을 비우기

필사를 시작하기 전에는, 마음속 어지러운 잡념과 번뇌를 잠시 내려놓습니다. 필사 행위 자체에 집착하지 않고, 그저 한 글자씩 써나간다는 마음으로 임합니다.

### ② 욕심 없이 꾸준히 하기

《금강경》은 《반야심경》보다 분량이 많습니다. 한 번에 끝내려 하기보다는, 매일 조금씩 꾸준히 필사하는 것이 중요합니다. 필사하면서 '빨리 끝내야겠다'는 마음이 든다면, 그것이 바로 집착이므로 조용히 그 마음을 내려놓아야 합니다.

### ③ 의미를 이해하며 쓰기

'어디에도 머무르지 말고 그 마음을 내라'는 《금강경》의 가르침처럼, 필사를 할 때는 그 뜻을 곱씹으며, 일상 속에서 어떻게 실천할 수 있을지 고민해 봅니다.

### ④ 필사 후 감사의 마음 갖기

필사를 마친 후에는 부처님의 가르침을 깨닫게 해준 경전과 사경의 인연에 감사한 마음을 가집니다. 필사 행위를 통해 얻은 평화로운 마음을 오래도록 간직하는 것도 중요합니다.

《금강경》 필사를 통해, 일상에서 습관적으로 붙드는 집착을 내려놓고, 세상 모든 것이 텅 비어 있음을 깨달아 참된 자유와 평온을 얻기를 바랍니다.

# 법회를 열게 된 인연

023

이와 같이 나는 들었다.
어느 날 부처님께서 거룩한 승려 1,250명과 함께
사위국의 기원정사에 계셨다.
이곳은 가난한 사람들을 돕던 고독 장자가 지은 장소로,
부처님과 제자들이 수행하는 곳이었다.

부처님께서는 공양 시간이 되어
가사를 입고 발우를 들고 사위국 성 안으로 들어가셨다.

성 안을 다니며 공양을 얻으신 후,
다시 머무르시던 곳으로 돌아오셨다.

조용히 식사를 마치신 뒤,
입었던 가사와 발우를 정리하시고
발을 씻고 편안하게 자리에 앉으셨다.

# 마음을 다스리는 법을 묻다

024

대중 가운데 있던 부처님의 수행자가
조용히 자리에서 일어났다.
오른쪽 어깨를 드러낸 채
오른 무릎을 꿇고,
두 손을 모아 공손히 부처님께 여쭈었다.

저희를 늘 보살펴 주시고,
끊임없이 용기와 격려를 주심에 감사드립니다.
진정한 깨달음을 얻고자 하는 사람은
어떻게 살아야 합니까?
번뇌와 집착이 가득한 마음을
어떻게 다스려야 편안할 수 있습니까?

# 마음을
# 편안하게 하는 방법

참으로 훌륭하다!
내 마음을 알아주는구나.

그대의 말과 같이, 부처님은
모든 보살을 잘 지켜주고 보호하며 보살핀다.
항상 당신이 올바른 길을 걸을 수 있도록 돕고자 한다.

이제 마땅히 그대를 위해 말하리라.
마음을 편안하게 하는 방법을 자세히 가르쳐 주겠다.

진정한 깨달음을 구하는 이는
이와 같이 살며, 스스로 마음을 다스려야 한다.

# 모든 존재가
# 해탈하기를 바라다

알에서 태어났든,
어머니의 배 속에서 태어났든,
습한 곳에서 태어났든,
신비롭게 태어났든,
눈에 보이는 것이든, 보이지 않는 것이든,
생각하는 존재이든, 생각하지 않는 존재이든,
생각의 경계를 넘어선 존재까지도,

내가 모두를 완전한 자유로 이끌어
평온하고 안락한 세계로 인도하리라.

# 아상, 인상,
# 중생상, 수자상

이와 같이 수많은 존재들을 깨닫게 하였다 하더라도,
사실은 깨달은 존재가 아무도 없음을 알아야 한다.

어찌 그러한가.
만일 '나'라는 생각인 아상,
'타인'이라는 생각인 인상,
'중생'이라는 생각인 중생상,
'영원한 삶'이라는 생각인 수자상에 얽매인다면,
그것은 진정한 깨달음의 길이 아니기 때문이다.

그러므로 깨달음을 집착 삼아 좇는 이는
비록 수행한다 하여도 진정한 보살이 아니다.
상을 허망한 줄 알고,
또한 상을 여의는 자라야
참다운 보살이라 할 수 있다.

# 아상과 인상에
# 집착하지 않으려면

우리는 '나'라는 생각에 사로잡혀 헛된 삶을 살아간다.
'내가 최고야', '나는 틀리지 않았어'라는
자기중심적인 마음에 갇혀
자신에 대한 고정된 견해에 빠져 산다.

우리는 '남'이라는 생각에 사로잡혀 헛된 삶을 살아간다.
'나는 저 사람보다 잘났어',
'나는 저 사람보다 못났어'라며
타인과 나를 비교하며 나누는 마음에 묶여 산다.
나와 구분되는 상대가 있다고 집착하는 것이다.

# 중생상과 수자상에
# 집착하지 않으려면

우리는 '중생'이라는 생각에 갇혀 헛된 삶을 살아간다.
'나는 어리석은 사람일 뿐이야',
'내가 수행한다고 깨달을 수 있을까?'
이런 열등감과 패배감에 속에 살며
깨닫지 못한 마음의 집착과 편견에 얽매여 있다.

우리는 '삶은 영원하다'라는 착각에 붙잡혀 산다.
'이 행복은 영원할 거야',
'이 고통은 끝나지 않을 거야'
현재의 순간조차 영원할 것 같은 불안에 매달린다.
심지어 자신이 영원히 존재할 것이라고 믿기도 한다.

이 모든 생각이 우리를 좁은 틀에 가두고,
진짜 삶을 경험하지 못하게 하며
자유로워지는 길을 막는 장애물이 된다.

# 어떠한 상에도
# 집착하지 않으려면

깨달음을 향해 수행하는 보살은
어떤 것에도
얽매이지 않고 베풀어야 한다.

눈에 보이는 것이든,
귀로 들리는 소리든,

코로 맡는 냄새든,
혀로 맛보는 맛이든,

몸으로 느끼는 감촉이든,
마음으로 떠올리는 생각이든,

그 어떤 상에도 얽매이지 말고 베풀어야 한다.
또한 베풀면서 '내가 베푼다'는
생각조차 갖지 말아야 한다.

상을 떠나고 집착 없이 베풀고 나눌 때

얻는 복은 끝이 없고 헤아릴 수 없다.

그러니 깨달음을 위해 수행하는 보살은
반드시 이 가르침대로 살아야 한다.

## 참된 모습을 보는 눈　031

그대는 어떻게 생각하는가?
눈에 보이는 모습만으로 부처님을 알아볼 수 있겠는가?

그렇지 않습니다!
눈에 보이는 모습만으로 부처님을 볼 수 없습니다.
왜냐하면 부처님께서 말씀하신
그 모습은 진실한 모습이 아니기 때문입니다.

무릇 형상이 있는 것은
모두 덧없고 허망한 것이니,
만약 모든 현상을
현상 아닌 것으로 보면
곧 부처님을 보리라.

# 맑고 깨끗한 믿음의 힘

위대한 스승이시여,
진실로 믿음을 가질 수 있는 사람이 과연 있겠습니까?

그런 걱정은 하지 말라.
부처님이 이 땅에서 사라진 뒤 오백 년 뒤에도,
계율을 지키고 복을 닦는 사람이 있을 것이다.
그들은 이러한 글귀에 믿음을 내고,
이러한 이치로서 진실을 삼을 것이다.

그들은 단순히 한두 부처님뿐 아니라,
이미 수많은 부처님께
선한 씨앗을 심어 왔기 때문에
이 가르침을 접하면
한 생각이라도
맑고 깨끗한 믿음을 낼 수 있는 것이다.

# 형상과 깨달음에
# 얽매이지 않는 복덕

부처님은 모든 것을 다 알아서 보고 있다.
그러니 모든 중생이 이와 같은
끝없는 복덕을 얻으리라.

왜냐하면 그들은 '나'라는 생각,
'타인'이라는 생각, '중생'이라는 생각,
'삶은 영원할 것이다'라는 생각에
갇혀 있지 않기 때문이다.

그들은 옳은 법이라는 상에
얽매이지 않고,
그릇된 법이라는 상에도
얽매이지 않는다.

그러므로 옳은 법에
집착해서도 안 되며,
그릇된 법에
집착하지 말아야 한다.

부처님의 가르침은
강을 건너기 위한 뗏목과 같다.
강을 건넜다면
뗏목을 버려야 하거늘,
하물며 뗏목 아닌 것들은
굳이 말할 필요가 있겠는가.

## 깨달음도 가르침도 없다

부처님이 가장 높고 바른 깨달음을 얻었다고 할 수 있겠는가?
또한, 부처님이 가르친 법이 있다고 할 수 있겠는가?

정해져 있는 깨달음은 없으며,
부처님께서 전하신 고정된 법도 없습니다.

왜냐하면 부처님께서 말씀하신 모든 가르침은
그 자체로 얻을 수도 없고,
말로 표현할 수도 없기 때문입니다.
그것은 법도 아니고, 법이 아닌 것도 아닙니다.

인과관계나 조건에 의해 만들어지지 않은
영원하고 변하지 않는 진리,
모든 성인과 현자들도
각자의 깨달음을 얻었기 때문입니다.

# 부처님 가르침의
# 진정한 가치

어떤 사람이 온 세상에 가득할 만큼의
보물을 남에게 베풀었다면,
그 복이 정말 많겠는가?

매우 많습니다!
그러나 그 복덕은
본래 복덕이라고 할 만한
실체가 없는 것이기에
부처님께서 복이 많다고 하신 것입니다.

만약 다른 사람이
이 경전의 핵심 네 구절이라도
받아들이고, 지니고,
다른 사람을 위해 설명해 준다면,

그 복이 앞선 복보다 훨씬 더 클 것이다.
왜냐하면 모든 부처님의 완전한 깨달음이
바로 이 경전에서 나왔기 때문이다.

# 인연에 따라 나타나는
# 진리의 모습

명심하라.

부처의 가르침이라고 하는 것은
곧 부처의 가르침이 아니다.

부처의 가르침이라고 말하지만,
사실 정해진 가르침은 없다.

복이라 할 게 없음을 아는 것이
복 중에 가장 큰 복이다.
다만 그 이름을 복이라 부를 뿐이다.

옳고 그름도 마찬가지다.
인연 따라, 그때 상황 속에서
잠시 형상을 갖추고 나타날 뿐이다.

옳다 그르다 할
본래의 성품은 없다.

부처님의 가르침 또한 예외가 아니다.

'이것이 부처님의 가르침이다'라고
절대화시킨 진리는 이미 진리가 아니다.

# 형상에
# 머물지 말라

무릇 형상이 있는 것은
모두 덧없고 허망한 것이니,
만약 모든 현상을
현상 아닌 것으로 보면
곧 깨닫게 되리라.

눈으로 보는 모든 것,
세상의 모든 형태와 현상은 실체가 없는 환상과 같다.
돈, 명예, 지위, 심지어 '나'라는 존재까지도
언젠가는 사라질 허상이다.

모든 것이 덧없고 변한다는 사실을 깨닫고
그 겉모습에 얽매이지 않을 때,
비로소 고정된 형태가 없는 궁극의 진리,
진정한 부처의 모습을 보게 될 것이다.

# 어떤 것에도
# 머무르지 말라

반드시 색(色)에 머물지 말고, 마음을 내어라.
성(聲), 향(香), 미(味), 촉(觸), 법(法)에도
머물지 말고 마음을 내어야 하나니,
그 어떤 것에도 머무는 바 없이 마음을 내어라.

눈에 보이는 형태나 색깔에 마음을 내어 머무르지 말라.
귀로 듣는 소리에 마음을 내어 머무르지 말라.
코로 맡는 냄새에 마음을 내어 머무르지 말라.
혀로 맛보는 음식에 마음을 내어 머무르지 말라.
몸으로 접촉하며 느끼는 것에 마음을 내어 머무르지 말라.
마음속 생각과 개념에 마음을 내어 머무르지 말라.

마땅히 머무르는 바 없이 그 마음을 내어라.
어떤 것에도 마음을 빼앗기지 말고,
오직 자유롭고 순수한 마음으로 살아가라.

# 참된 부처를
# 보는 길

만약 육신으로 나를 보려 하거나,
음성으로써 나를 찾는다면,
이 사람은 잘못된 길을 가는 것이니,
결코 부처를 볼 수 없으리라.

진리는 겉모습에 있지 않다.
만약 사람들이
겉모습으로 부처를 보거나,
말소리로 부처를 구한다면,
이 사람은 잘못된 길을 가는 것이니,
결코 진정한 부처를 보지 못할 것이다.

깨달은 자의 참모습은
육체의 형태를 초월하고,
가르침의 본질은
말소리에 묶여 있지 않기 때문이다.

# 있는 그대로
# 바라보기

인위적으로 만들어져
인연 따라 생겨난 모든 것은
마치 꿈같고, 환영과 같다.

물거품 같고, 그림자 같고,
이슬 같고, 번개 같으니
반드시 이와 같이 하여라.

세상에서 나타나는
모든 존재와 현상은
덧없이 사라지는 꿈과 같다.

찰나에 사라지는 환상과 같으며
물거품과 그림자와 같다.

아침의 이슬과 같으며
또한 번개와 같다.

그러니 어떤 것에도
마음을 묶어두지 말고,
그저 있는 그대로 바라보아야 한다.

사물을 사물 그대로 보면
현상을 있는 그대로 알아차리게 된다.
진실 그대로 보는 눈을 열어라.

# 깨달음의 경지에
# 집착하지 말라

'수다원'이라는 성자의 흐름에 든 사람은
'나는 깨달음의 첫 단계에 올랐다'라고 생각하지 않는다.
그 사람은 '성자의 흐름에 든 자'라고 불리지만,
실제로 들어간 곳이 없다.

그렇다면 한 번만 돌아올 '사다함'을 성취한 사람은
'나는 깨달음의 두 번째 단계에 올랐다'라고 생각하지 않는다.
그 사람은 '한 번만 돌아올 자'라고 불리지만,
실제로 돌아옴이 없는 것을
'깨달음의 두 번째 단계'라고 하기 때문이다.

되돌아오지 않을 '아나함'을 성취한 사람은
'나는 깨달음의 세 번째 단계에 올랐다'라고 생각하지 않는다.
그 사람은 '되돌아오지 않을 자'라고 불리지만,
실제로 되돌아오지 않는다고 할 만한 것이 없는 것을
'깨달음의 세 번째 단계'라고 하기 때문이다.

# 네 가지 집착에
# 갇히는 마음

042

번뇌를 완전히 끊은 '아라한'을 성취한 사람은
'나는 깨달음의 가장 높은 경지에 올랐다'라고 생각하지 않는다.
왜냐하면 실제로 '아라한'이라고 할 만한
고정된 법이 없기 때문이다.

아라한이 '나는 아라한의 경지에 올랐다'고 생각한다면,
그것은 네 가지 집착에 갇히는 것이다.

첫째, '나는 깨달음을 얻은 사람이다'라는
아상에 집착하는 것이다.

둘째, 나와 깨닫지 못한 다른 사람들을 구분하며
우월감을 느끼는 인상에 갇힌다.

셋째, 무지한 중생과 나를 분리하여
그들을 하찮게 여기는 중생상에 빠진다.

넷째, 깨달은 자로서 영원히 존재한다는

수자상에 사로잡히는 것이다.

깨달음은 얻었다고 할 만한 고정된 실체가 없다.
깨달음의 경지에 올랐다고 자부하는 순간,
그 생각 자체가 또 다른 집착을 만들어내어
진정한 깨달음에서 멀어지게 된다.

# 이루었다는 생각마저
# 비우는 경지

043

부처님께서는 저를
'다툼 없는 고요한 마음을 얻은 사람 중에 제일이고,
모든 욕망을 떠난 사람 중에 제일'이라고 하셨습니다.

하지만 저는 '내가 모든 욕망을 떠난 아라한이다'라고
생각하지 않습니다.

만약 제가 '나는 아라한의 경지를 얻었다'고 생각했다면,
부처님께서는 '그대는 깊은 심연의 고요함 속에서
평온한 수행을 즐기는 사람이다'라고
말씀하지 않으셨을 것입니다.

저는 실제로 깊은 심연의
고요함 속에서 평온한 수행을
했다고 할 만한 것이 없기 때문에,
부처님께서 그렇게 말씀하신 것입니다.

# 아름답게 꾸미지 않아서
# 아름다움

나는 옛날 연등 부처님 앞에서
실제로 깨달음을 얻은 것이 없다.

깨달은 보살도 부처님의 이상 세계를 화려하게 꾸미지 않는다.
세상을 아름답게 꾸민다는 것은,
아름답게 꾸민다는 것이 아니며,
그 이름이 '아름답게 꾸민다'는 것일 뿐이다.

크고 위대한 보살은
응당 이와 같이 마음을 내어야 한다.

반드시 형상에 얽매이지 않는
깨끗한 마음을 내어야 한다.
소리, 냄새, 맛, 감촉, 마음의 대상에도
얽매이지 않고 마음을 내어야 한다.
마땅히 머무르는 바 없이 그 마음을 내어라.

# 금강경 핵심 구절의
# 크나큰 복덕

갠지스강 모래알만큼이나
많은 갠지스강이 있다면,

그 모든 강들의 모래알 수가
얼마나 많겠는가!

만약 어떤 사람이
그 모든 모래알 수만큼의 세상에
보물을 가득 채워
남에게 베푼다면,

그 복덕이 얼마나 많겠는가!

하지만 어떤 사람이
이 경전의 핵심 네 구절만이라도
받아들이고,
마음에 새기고,
다른 사람을 위해 설명해 준다면,

모래알 수만큼의 보물을 베푸는 복덕보다
이 복덕이
훨씬 더 크고 뛰어나다.

# 경전의 가르침이 지닌
# 무한한 공덕

어디서든 이 경전을 해설하되,
단지 핵심 네 구절만이라도 일러준다면
온 세계 어느 곳에서든
하늘의 신들과 인간, 아수라가
모두 부처님의 탑에 공양하는 것과 같다.

하물며 이 경전 전체를 받아들이고,
마음에 새기고, 읽고 외우는 사람의 공덕은
감히 무엇과도 비할 데가 없느니

이 사람은 가장 높고
귀한 가르침을 얻게 될 것이다.

그러니 이 경전이 있는 곳은
곧 부처님과 부처님의 거룩한 제자들이
함께 있는 곳이 된다.

# 진리는
# 이름 너머에 있다

온 세상을 이루고 있는
아주 작은 티끌들이 많다고 하지 않겠는가!

부처는 이 모든 티끌은 티끌이 아니고,
그 이름이 티끌이라고 한다.
그래서 티끌이라 부를 수 있는 것이다.

부처가 말한 세계도 또한 세계가 아니고
그 이름이 세계일뿐이다.
그래서 세계라 부를 수 있는 것이다.

서른두 가지 특별한 모습으로는
부처의 진정한 모습을 볼 수 없다.
부처가 전한 서른두 가지 특별한 모습은 참된 실상이 아니고,
그 이름이 '서른두 가지 특별한 모습'일 뿐이기 때문이다.

# 형상에 집착하지 않는 사람이
# 곧 부처

어떤 착한 남녀가 갠지스강 모래알 수만큼
수많은 목숨을 바쳐 널리 보시한다고 해보자.
다른 어떤 사람이
이 경전의 핵심 가르침 네 구절만이라도
받아들이고, 마음속에 간직하며,
다른 사람에게 설명해 준다고 해보자.

목숨을 바친 보시를 한 사람이 얻는 복보다
법보시를 한 사람이 얻게 되는 복이 훨씬 더 크고 많다.

만약 어떤 사람이
이 경전을 듣고 순수한 믿음을 일으킨다면,
곧 가장 깊은 지혜가 샘솟을 것이다.
이 사람은 참으로 놀라운 공덕을 얻게 될 것임을 알아야 한다.

하지만 미래에 어떤 사람이
이 경전을 듣고 믿고 받아들인다면,
그 사람은 참으로 귀한 사람일 것이다.

왜냐하면 그 사람은 '나'라는 생각,
'타인'이라는 생각, '중생'이라는 생각,
'삶이 영원하다는 생각'에 갇혀 있지 않기 때문이다.

그런 까닭에 형상에 집착하지 않는 사람의 이름이 곧 부처다.

# 두려움을 넘어서는 깨달음

049

부처가 말하는 보시바라밀은
곧 보시바라밀이 아니고,
그 이름이 보시바라밀이다.

부처는 인욕바라밀도 인욕바라밀이 아니고,
그 이름이 인욕바라밀이라고 전했다.

내가 그 옛날 가리왕에게 몸을 갈기갈기 찢길 적에도
나는 아상도 없고 인상도 없고
중생상도 없고 수자상도 없었다.

내가 옛날에 몸을 찢길 적에
아상, 인상, 중생상, 수자상이 있었더라면
분명 분노하여 원망하는 마음이 생겼을 것이기 때문이다.

# 진정한 의미를
# 향한 여정

050

보살은 마땅히 모든 상을 여의고
어떤 장애나 방해 없이 높고 완전한 깨달음을 일으켜야 한다.

눈에 보이는 형상에 얽매이지 않는 마음을 내어야 하며,
소리, 냄새, 맛, 감촉, 마음속 생각에도
얽매이지 않는 마음을 내어야 한다.
마땅히 머무는 바 없이 마음을 낼지니라.

마음에 머물러 집착하는 바가 있다면
그것은 잘못 머무른 것이 된다.
그러므로 부처는 '보살은 마음을 그 어떤 것에도
머물지 말고 보시해야 한다'라고 전하였다.
보살들은 마땅히
모든 중생을 이롭게 하기 위해
이와 같이 보시해야 한다.

# 집착 없는 마음으로
# 베푸는 공덕

051

부처님은 참다운 말만 하는 존재다.
진실한 말과 이치에 맞는 말을 하고,
속이거나 거짓을 말하지 않는다.
있는 그대로 사실을 말하는 존재다.

부처님이 깨달은 진리에는
진실도 없고 거짓도 없다.

만일 보살이 어떤 대상에
집착하는 마음으로 베푸는 것은
마치 사람이 어두운 방에 들어가
아무것도 볼 수 없는 것과 같다.

그러나 보살이 어떤 대상에도
집착하지 않는 마음으로 베푸는 것은
마치 눈 밝은 사람이 환한 햇살 아래에서
모든 것을 분별하여 볼 수 있는 것과 같다.

미래의 어떤 사람이 이 경전을 받아 지니고
마음에 새겨 읽고 외운다면,
진리를 깨달은 자는 부처의 지혜로
이 사람에 대해 다 알고 다 보나니,
이 사람은 무한하고 끝없는 공덕을 이룰 것이다.

# 헤아릴 수 없는
# 복덕

어떤 착한 남녀가 아침, 점심, 저녁마다
갠지스강의 모래알만큼이나
자신의 안위와 생명까지
아낌없이 내어주면서 헌신한다 해도,
이 경전의 한 구절이라도 진심으로 듣고
비방하지 않으며 믿는 사람의 복덕에는 미치지 못한다.

하물며 그 경전을 스스로 기록하고,
배우고, 익히고, 읽고, 외우며
다른 사람에게까지 진심을 다해 설명하는 사람의 공덕은
말로 다 헤아릴 수 없을 만큼 크다!

이 경전이 지닌 공덕은 인간의 생각이나 계산으로는
도저히 가늠할 수 없을 정도로 끝이 없다.
부처님은 가장 높고 위대한 깨달음을 향해 나아가려는
대승의 마음을 낸 이들을 위해 이 경전을 전하셨다.

# 경전의 가르침을
# 전하는 공덕

이 경전을 받아들이고, 마음에 새기고,
읽고 외우며 다른 사람에게까지
진심으로 전하는 사람이 있다면,

부처님은 그 사람이 쌓게 될 헤아릴 수 없는 공덕을
이미 다 보고 알고 있느니라.

이들은 결국 부처님이 이룬
최상의 깨달음을 경험하게 될 것이다.

하지만 작은 깨달음에만 만족하는 사람은
'나'라는 생각, '타인'이라는 생각, '중생'이라는 생각,
'영원한 생명'이라는 생각에 갇혀 있어
이 경전의 가르침을 받아들인다 해도
다른 사람에게 전하는 단계까지는 나아가지 못한다.

이 경전이 있는 곳이라면 어디든,
하늘의 신들과 인간,

그리고 아수라들이 공양을 올릴 것이다.

그곳은 이미 부처님을 모신 탑과 같으니,
모두가 공경하며 예배하고,
주위를 돌면서 꽃과 향으로 꾸밀 것이다.

## 업장을 소멸하고
## 맑히는 공덕

이 경전을 받아들이고, 마음에 새기며,
읽고 외우는 착한 남녀가
다른 사람에게 업신여김을 당하고
천대와 멸시를 받는다면 어떻게 될 것 같은가?

전생에 지은 죄업 때문에
그 사람은 마땅히 지옥, 아귀, 축생과 같은
고통의 세계로 떨어졌어야 한다.

하지만 이생에서 다른 이들에게
업신여김과 멸시를 받았기 때문에,
그 전생의 죄업은 사라지고
반드시 가장 높고 바른 깨달음을 얻게 될 것이다.

# 모든 공양을
# 뛰어넘는 공덕

내가 아직 연등 부처님을 만나기 전,
셀 수 없이 오랜 세월 동안
수많은 부처님들을 뵙고
모두 공양하고 정성껏 모셨다.

만약 정법이 사라져갈 때,
어떤 사람이 이 경전을 잘 받아들이고,
마음에 새기고, 읽고 외우는 공덕과 비교하면,

내가 그토록 많은 부처님께 공양한 공덕은
백분의 일, 천분의 일, 억분의 일에도 못 미친다.

그 어떤 계산이나 비유로도
헤아릴 수 없을 만큼 작은 것이다.

# 경전의
# 불가사의한 공덕

정법이 쇠퇴한 말세에
이 경전을 받아들이고, 마음에 새기며,
읽고 외우는 착한 남녀가 얻는 공덕을
자세히 이야기한다면,

듣는 사람들은 오히려 혼란스러워하며
믿기 어려워할 것이다.

그러나 이 경전은 그 뜻이
헤아릴 수 없을 만큼 깊고,
그로 인해 얻게 되는 과보 또한
측량할 수 없을 만큼 크고
위대하다는 것을 알아야 한다.

## 모든 중생을 깨닫게 했지만 한 것이 없다

057

가장 높고 바른 깨달음을 얻고자 하는 착한 남녀는
'나는 모든 중생을 깨달음으로 이끄리라' 하는
마음을 일으켜야 한다.

그러나 모든 중생을 평온한 안락에 이르게 한 뒤에도
'실제로 궁극의 평온을 얻게 한 중생은 없다'고 보아야 한다.

'나'라는 관념, '타인'이라는 관념,
'중생'이라는 관념, '영원한 생명'이라는 관념이

조금이라도 보살에게 남아 있다면,
그는 참된 보살이 아니기 때문이다.

가장 높고 바른 깨달음으로 나아가는 길에는
붙잡을 만한 고정된 진리가 있는 것이 아니다.

## 실제 존재하지 않는
## 깨달음

내가 연등 부처님을 뵈었을 때,
가장 높고 바른 깨달음이라고 할 만한
어떤 고정된 법을 얻은 것은 없었다.

가장 높고 바른 깨달음이란
실제로 '얻었다'고 말할 수 있는 어떤 대상이 아니다.

만약 그것이 특정한 무엇으로 존재했다면,
연등 부처님께서 내게
'그대는 미래에 석가모니라는 이름의 부처가 될 것이다'라고
예언하지 않으셨을 것이다.

가장 높은 깨달음이라는 법이
실제로 존재하지 않았기 때문에
연등 부처님께서는
나의 깨달음을 참되다 보증하셨던 것이다.

# 깨달음은
# 이름이 없다

059

어떤 사람이
'부처님이 가장 높고 바른 깨달음을 얻었다'고 말한다면,
부처님은 가장 높은 깨달음이라고 할 만한
어떤 법도 실제로 얻은 적이 없다.

부처님이 얻은 가장 높은 깨달음에는
진실이라 할 것도 없고,
거짓이라 할 것도 없다.

그러므로 진리를 깨달은 자는
'모든 것이 다 부처님의 법이다'라고 말한다.

그러나 '모든 것'이라고 표현하는 것도
사실 '모든 것'이라는 고정된 실체가 없기 때문에,
잠시 그렇게 이름 붙여 부른 것일 뿐이다.

# 중생을 구제했지만
# 구한 바가 없는 보살

부처님이 '사람의 몸이 매우 크다'고 말한 것은,
실제로 큰 몸이 있다는 뜻이 아니라
그렇게 이름 붙여 부른 것일 뿐이다.

보살 또한 마찬가지다.
만약 '나는 반드시 수많은 중생을 구제하리라'라고 말한다면,
그는 진정한 보살이라 할 수 없다.

왜냐하면 보살을 규정하는
어떤 특정한 가르침이나 실체가 있는 것이 아니기 때문이다.

그러므로 부처님은 모든 가르침에서
'나도 없고, 타인도 없으며,
중생도 없고, 영원한 생명도 없다'라고 전한 것이다.

# 진정한 보살의 모습

보살이
'나는 반드시 부처님의 세계를
아름답게 장엄하리라'라고 말한다면,
이는 참된 보살이라 할 수 없다.

부처님은 말씀하셨다.
'부처님의 세계를 아름답게 장엄한다는 것'은
곧 장엄이 아니고,
그 이름이 다만 장엄일 뿐이기 때문이다.

보살이 '나'라는 실체가 없다는
고정된 '나'라는 것은 환상이라는 것을 알고
모든 것이 끊임없이 변한다는 진리를 깨달아
집착과 그로 인한 괴로움에서 벗어났다면,
부처님은 그 존재를
'진정한 보살'이라고 부를 것이다.

# 과거 현재 미래의
# 어떤 마음도 붙잡을 수 없다

갠지스강의 모래알 수만큼의 갠지스강이 있고,
그 모든 강의 모래알 수만큼의
부처의 세계가 있다면
그 수를 정말 헤아릴 수 있겠는가?

그토록 많은 세계 속 모든 존재가 지닌
다양한 마음을 부처님은 다 알고 있다.
왜냐하면 부처님이 말하는 모든 마음은
실제로 고정된 마음이 아니라,
그 이름이 그저 마음일 뿐이기 때문이다.

과거의 마음은 이미 지나가 버렸고,
현재의 마음은 붙잡는 순간 사라지며,
미래의 마음은 아직 오지 않았다.

# 복덕에
# 얽매이지 말라

깨달음을 실천하는 사람이여,

만약 엄청난 부자가
이 세상을 가득 채운 보물을
사람들에게 나눠준다면,
그 복덕이 얼마나 크겠는가!

만약 그 복덕에 고정된 실체가 있다면,
깨달음을 얻은 이는
그 복덕이 크다고 말하지 않았을 것이다.
그러나 복덕에는 실체가 없기 때문에,
깨달음을 얻은 이는
그 복덕이 많다고 말할 수 있는 것이다.

# 이름과 겉모습에
# 속지 말라

눈에 보이는 완벽한 신체적 특징만으로
그 사람을 부처라고 할 수 있겠는가?
그럴 수 없다.

왜냐하면 부처께서 말씀하신
'잘 갖춰진 육신의 모습'이라는 것은
곧 잘 갖춰진 육신의 모습이 아니고,
그 이름이 '잘 갖춰진 육신의 모습'일 뿐이기 때문이다.

마찬가지로 눈에 보이는 여러 특징을 갖췄다고 해서
부처라고 할 수 있겠는가?
여러 특징을 갖췄다고 해서
부처라고 할 수는 없다.

'여러 겉모습을 잘 갖추었다'라는 것은,
곧 그 자체가 겉으로 드러난 형태를 잘 갖췄다는 의미가 아니라,
그 이름이 '여러 겉모습을 잘 갖추었다'는 것일 뿐이다.

# 진정한 가르침은
# 말로 표현되지 않는다

'부처님이 가르침을 전했다'고 생각하거나
그렇게 말하지 말라.

누군가가 '부처님께서 가르침을 전하셨다'라고 말한다면,
그것은 오히려 부처님을 비방하는 것과 같다.

왜냐하면 그 사람은
부처님이 진정으로 전하려 한 뜻을
이해하지 못했기 때문이다.

설법이라고 하는 것도 마찬가지다.
설할 수 있는 법이 없기에,
설법이라고 말하는 것이다.

## 최상의 깨달음을 위한 선법의 본질

이 진리는 평등하여 높고 낮음이 없다.
이것을 '최상의 깨달음'이라고 이를 뿐이다.

나도 없고, 타인도 없고, 중생도 없으며,
영원한 생명도 없는 경지에서
여러 가지 선법을 닦는다면,
그것이 바로 최상의 깨달음의 길일 것이다.

선법은 깨달음으로 가는 길 위에서
모든 행위나 마음가짐이며
'탐욕', '분노', '어리석음' 같은 마음의 독을 없애고
지혜를 증진하는 모든 긍정적이며 이로운 것을 말한다.

그대여,
부처님이 말씀하시기를
'선법'이라는 것은 선법이 아니고
그 이름이 '선법'일 뿐이다.

# 가장 큰 복을 부르는
# 경전의 가르침

삼천대천세계에 있는
수미산만큼
수많은 보물을 쌓아놓고
보시하는 사람이 있다고 해보자.

또 한편으로,
이 경전의 핵심이 되는
네 구절이라도 마음에 새기고, 읽고, 외우고,
다른 사람을 위해 설명하는 사람이 있다고 해보자.

수미산만큼의 보물을 베푼 사람의 복은
경전의 핵심 구절을 전하는 사람의 복에 비하면,
백만분의 일, 천만분의 일에도 미치지 못한다.

그 어떤 계산이나 비유로도
비교할 수 없을 만큼 차이가 크다.

# 부처는 중생을 제도했지만
# 제도한 바가 없다

부처가 '내가 마땅히 중생을 제도한다'라고
생각한다고 말하지 말라.

왜냐하면 실로 중생이 있어서
부처가 제도하는 것이 아니기 때문이다.

만약 중생이 있어서 부처가 제도한다면,
부처가 '나다, 타인이다, 중생이다, 수명이다'라고 구분하며
분별과 집착의 마음을 낼 것이다.

부처가 말하는 '내가 있다'는 것에는
곧 내가 있는 것이 아니다.
보통 사람이나 '내가 있다'고 여긴다.

부처가 말하는 보통 사람이라는 것도
그저 이름일 뿐,
실체가 있는 것이 아니다.

# 겉모습과 음성으로
# 부처를 찾지 말라

부처가 가진 서른두 가지 신체적 특징만으로
그 존재를 부처라고 볼 수 있겠는가!

만약 서른두 가지 특징만으로도 부처라고 한다면
세상의 최고 권위자로서
정의와 덕으로 나라를 다스리는
전륜성왕도 부처라고 할 수 있을 것이다.

서른두 가지 신체적 특징만으로는
부처라고 부를 수 없다.

겉모습이나 목소리로 부처를 찾으려 한다면,
잘못된 길을 걷는 것이니,
결코 부처를 볼 수 없으리라.

## 집착하지 않는 마음

만일 '부처가 신체적 특징을
원만하게 갖추지 않았기 때문에,
최상의 깨달음을 얻었다'라고 생각한다면,

그렇게 생각하지 말라.

진정한 깨달음이란
눈에 보이는 것과 보이지 않는 것
모두에 집착하지 않는 마음의 상태이기 때문이다.

# 극단적으로 버리고
# 떠나지 않는 삶

'최상의 깨달음을 얻으려면
모든 것을 다 버리고 사라져야 한다'라고 생각하는가?
만약에 그렇다면, 그런 생각은 버려라.

최상의 깨달음을 얻고자 마음을 낸 사람은
'모든 것을 다 버리고 사라진다'라고 말하지 않는다.
'모든 것을 없앤다'는
허무하고 염세적인 생각조차
그에게는 얽매임이 되지 않는다.

# 어떤 보시가
# 가장 위대한가

어떤 보살이 갠지스강 모래알만큼
많은 세계에 온갖 보물을 가득 채워
다른 사람에게 나눠준다고 해보자.

또 어떤 사람이
'나'라는 실체가 없음을 깨닫고,
끊임없이 변하는 존재의 특성을 알고
집착에서 벗어나 마음을 자유롭게 했다고 하자.

이러한 '무아'의 도리를 알아서
어떠한 고통이나 모욕도 담담히 받아들이며
초연해지는 인욕의 힘을 성취했다고 하자.

어떤 보살의 공덕이 더 위대하겠는가?

## 집착 없는 보시가
## 가장 큰 복덕이다

무아의 도리를 깨닫고
인욕을 성취한 보살의 공덕이
갠지스강 모래알만큼 많은 보물을 나눈
보살의 공덕보다 훨씬 크다.

그 이유는 모든 보살은 복덕을
자신의 것으로 누리지 않기 때문이다.

보살은 자신이 베푼 복덕에
탐내거나 집착하지 않아야 하기 때문에,
복덕을 누리지 않는다고 말하는 것이다.

# 부처는
# 오고 가지 않는다

만약 누군가
'부처가 오기도 하고 가기도 하며
앉기도 하고 눕기도 한다'라고 말한다면,

그 사람은 내가 전하려는 뜻을
제대로 이해하지 못한 것이다.

부처란 본래 오는 것도 없고
가는 것도 없기 때문에
그 이름이 부처이며,
'진리 그대로 존재하는 자'다.

물리적 시간과 공간의 개념으로는
부처의 본질을 가늠할 수 없다.
진리 그 자체는 시작도 끝도 없는 영원함이다.

'오고 간다'는 생각은
모두 고정된 실체에 대한

집착에서 비롯된 환상일 뿐이다.

부처는 특정 시공간에 머무는 존재가 아니라,
모든 곳에 존재하는 보편적인 진리이다.

부처는 밖에서 오는 빛이 아니라,
안에서 깨어나는 빛이다.

# 미세한 티끌도
# 실제로 없다

누군가 온 세상,
즉 삼천대천세계를 부수어
아주 작은 티끌로 만든다고 해보자.

그대 생각에
이 티끌들이 얼마나 많겠는가!

하지만 그 티끌들이 실제로 존재하는 것이라면
우리는 '티끌'이라고 말하지 않았을 것이다.
이 티끌은 사실 티끌이 아니며,
그저 '티끌'이라는 이름일 뿐이다.

# 집착의 근원을
# 버려라

위대한 스승이시여,
부처께서 말씀하신 '세계'도
실제 세계가 아니기 때문에
그저 '세계'라고 부른 것입니다.
그 이름이 '세계'일 뿐입니다.

만약 세계가 실제로 존재한다면
하나의 덩어리로 뭉쳐 있는 모습일 것입니다.

그러나 부처는
'하나의 덩어리' 또한 실체가 없다고 말씀하셨습니다.
그 이름이 '하나의 덩어리'일 뿐입니다.

'하나의 덩어리'는 실체가 없는 허상인데,
어리석은 사람들이 그것을 탐내고 집착할 뿐입니다.

## '나'라는 환상에서 벗어나라

만약 누군가가
'부처가 나라는 견해와 타인이라는 견해,
중생이라는 견해와
영원한 생명에 대한 견해를 말했더라'라고 한다면,
그 사람은 내가 말한 이치를 제대로 이해한 것인가?

그 사람은 부처가 전하려는 뜻을 전혀 알지 못하는 것이다.

왜냐하면 '나', '타인', '중생', '영원한 생명'이라는 견해는
실제로 존재하는 것이 아니라,
그저 이름 붙인 것일 뿐이기 때문이다.

# 깨달음은
# '무엇'이 아니다

가장 높고 바른 깨달음을 얻고자 하는 사람은
세상의 모든 현상에 대해
이와 같이 알고, 이와 같이 보고,
이와 같이 믿고, 이해해야 한다.

그리하여 법에 대한 어떤 고정된 이미지나
개념을 만들어서는 안 된다.
즉, 진리를 특정한 틀로 규정하지 않아야 한다.

부처가 말하기를
'법에 대한 상'이란
실제로 존재하는 것이 아니라
그 이름이 '법에 대한 상'일 뿐이라고 부를 뿐이다.

# 진리에 대한
# 집착을 버려라

깨달음을 얻는다는 것은
진리를 소유하는 것이 아니다.

'이것이 진리다!'라고 단정 짓는 순간,
그 또한 하나의 고정된 관념이 되어
깨달음의 길을 가로막게 된다.

진정한 깨달음은
어떤 개념에도 얽매이지 않고
완전히 자유로운 상태이다.

# 마음 없이
# 행하는 가르침

어떤 사람이 끝없이 많은 세계에
보물을 가득 채워 보시한다고 해보자.

또 한편으로,
깨달음을 구하는 어떤 사람이
보살의 마음으로 이 경전의 가르침 중
핵심 네 구절만이라도 마음에 새기고, 읽고 외우며
다른 사람을 위해 설명한다고 해보자.

법보시를 작게 하는 두 번째 사람의 복이
재보시를 크게 하는 앞사람의 복보다 훨씬 더 크다.

다른 사람에게 어떻게 설명해 주어야 하는가?
'내가 지금 가르침을 전하고 있다'는 생각에 집착하지 말고,
있는 그대로 흔들림 없이 전해야 한다.

# 모든 것은
# 환영과 같다

'나'라는 존재도,
'세상'이라는 개념도,
심지어 '부처님의 가르침'조차도

영원히 존재하는 실체가 아니며,
잠시 나타났다가 사라지는 환영과 같다.

이 진리를 깨달아 모든 집착에서 벗어날 때
비로소 완전한 자유와 평온을 얻을 수 있다.

세상의 모든 현상은 마치
꿈과 같고, 허깨비와 같으며,
물거품과 같고, 그림자와 같으며,
이슬과 같고, 번개와 같으니,
이렇게 관찰해야 한다.

세상은 손에 쥘 수 없는 빛의 조각이다.
그러니 너무 꽉 쥐지 말라.

부처님께서 이 경전을 모두 전하시자,
부처님의 지혜를 구하는 수행하는 자,
모든 비구와 비구니,
세상의 모든 존재가 부처님의 말씀을 듣고
크게 기뻐하며, 믿고 받아들여 실천했다.

# 3부

《천수경》

가장 탁월한 길로
이끄는
부처의 마음

마음을 다해 부처를 만나는 시간
# 《천수경》 필사를 시작하기 전에

**모든 존재에게 무한한 그것, 자비**

자비의 마음을 넓히는 경전인 《천수경千手經》은 불교 의식에서 가장 널리 독송되는 경전 중 하나입니다. 동아시아에서 관음신앙은 불교 종파를 넘어 대중의 삶에 깊이 뿌리내린 중요한 신앙입니다. 《천수경》은 단순히 관세음보살을 찬탄하는 데 그치지 않고, 그의 무한한 자비심을 직접 체험하고 실천하는 길을 제시합니다.

《천수경》의 정식 명칭은 '천수천안 관자재보살 광대원만 무애대비심 대다라니경'으로, 이 긴 이름 속에 경전의 가치가 모두 담겨 있습니다. 여기서 '관자재보살'은 우리가 흔히 말하는 '관세음보살'과 같습니다.

천 개의 손과 눈으로 중생의 고통을 살피고 구제하는 관세음보살의 무한한 자비심과 원력을 찬탄하며, 손과 눈으로 상징되는 자비와 지혜의 결합을 통해 우리에게 고통에서 벗어나는 수행의 길을 보여줍니다. 핵심은 바로 자비심입니다. 관세음보살처럼 모든 존재에게 끝없는 자비의 마음을 내어 이웃과 세상을 대할 때, 비로소 평화와 자유에 이를 수 있음을 가르칩니다.

또한《천수경》의 중요한 특징은 '신묘장구대다라니'에 있습니다. '다라니'는 관세음보살의 자비와 원력이 담긴 신비로운 주문으로, 교리를 몰라도 누구나 쉽게 암송할 수 있습니다. 다라니는 고통을 없애고 소원을 이루는 직접적인 구원의 통로가 되며, 질병, 재난, 가족이나 인간관계에서의 어려움 등 현실적 문제를 해결하는 구원의 길이 됩니다. 꾸준히 외우는 행위는 마음속 번뇌와 불안을 씻고 내 안의 자비심을 깨우는 강력한 수행법이 됩니다. 경전을 읽고 철학을 이해하는 것보다 훨씬 직관적이고 실용적입니다.

《천수경》은 관세음보살의 자비를 손으로 만지고, 귀로 듣고, 입으로 외우는 수행법으로 전하며, 이러한 수행은 동아시아 전역에서 시대를 넘어 지속적으로 사랑받는 관음신앙의 기반이 되었습니다.

### "자비와 지혜를 체험하고 수행하라"는 메시지

《천수경》은 관세음보살의 자비로운 힘을 빌려, 현세의 고난과 고통을 극복하고, 궁극적으로는 깨달음의 길로 나아가고자 하는 염원을 담은 경전입니다. 이 경전에는 불교 수행의 핵심 요소들이 함축되어 있습니다.

- 귀의(歸依): 마음을 부처와 보살에게 맡기고 의지함
- 참회(懺悔): 과거의 잘못과 악업을 되돌아보고 정화함
- 발원(發願): 바른 깨달음과 중생 구제를 향한 소망을 세움
- 서원(誓願): 중생 구제와 수행 완성을 위한 큰 서약

즉, 《천수경》은 단순한 경전 읽기가 아니라 자비와 지혜를 체험하고 수행을 실천하도록 안내하는 수행서라 할 수 있습니다.

### ① 관세음보살에 대한 귀의와 찬양

《천수경》은 자비로운 관세음보살에게 귀의하며 시작합니다. 관세음보살은 천 개의 손과 천 개의 눈으로 중생을 살피고, 그 고통을 구원합니다. 경전은 관세음보살의 원력과 자비심을 찬양하며, 다라니를 지니고 외우는 것만으로도 마음의 번뇌를 씻고 깨달음에 이를 수 있다고 말합니다.

## ② 고통과 죄업의 소멸

관세음보살의 이름을 부르고, 그의 다라니를 읽고 외우면, 칼산지옥, 화탕지옥 등 온갖 고통의 세계와 아귀, 수라, 축생의 업보가 소멸합니다. 이는 불보살의 원력으로 모든 악업과 재앙이 사라지고, 평화와 복덕을 얻는다는 의미입니다.

## ③ 수행과 깨달음을 향한 발원

《천수경》은 단순히 고통에서 벗어나는 것을 넘어, 깨달음으로 나아가려는 강한 발원을 담고 있습니다. 경전 속에는 '지혜의 눈'과 '지혜의 배'를 얻어 모든 중생을 제도하겠다는 다짐이 반복적으로 나타나며, 수행자는 이를 통해 계정혜戒定慧 삼학을 닦아 마침내 열반에 이르고자 하는 원력을 굳게 세우게 됩니다. '계정혜 삼학'은 번뇌를 다스리고 지혜를 얻기 위한 세 가지 수행법, 또는 세 가지 수행의 길을 말합니다. '계'는 도덕적 규율을, '정'은 마음의 안정을, '혜'는 지혜를 의미합니다.

## ④ 참회와 서원

과거에 지은 모든 악업을 참회하며, 죄의 본성이 본래 '공'함을 깨닫는 것이 진정한 참회라고 가르칩니다. 또한 '사홍서원四弘誓願'

을 세워, 끝없는 중생을 구제하고 번뇌를 끊으며, 법문을 배우고, 불도를 이루겠다는 네 가지 큰 서원을 다짐하게 합니다.

**마음을 정화하는 필사 수행법**

《천수경》을 필사하는 것은 관세음보살의 자비심을 배우는 동시에, 자신의 마음을 맑게 만드는 수행입니다.

### ① 소원을 담아 필사하기

《천수경》은 중생의 소원을 들어주는 경전입니다. 건강, 경제, 인간관계 등 삶의 어려움을 떠올리며, 간절한 마음을 담아 한 글자 한 글자 정성껏 옮겨 적습니다.

### ② 다라니를 외우며 필사하기

《천수경》의 핵심인 다라니(신묘장구대다라니)를 필사할 때는 뜻을 마음에 새기며 소리 내어 읽어 보세요. 소리 내어 외우면 경전에 담긴 기운과 자비심을 더욱 깊이 체감할 수 있습니다.

### ③ 필사 후 회향하기

필사를 마친 뒤에는 '이 공덕으로 모든 중생이 함께 행복하기를' 마음 깊이 기도하며 회향합니다. 회향은 자비심을 확장하는 실천입니다. 회향은 나만을 위한 것이 아니라, 세상의 모든 존재를 향한 자비를 실천하는 과정입니다.

이처럼 《천수경》 필사는 관세음보살의 넓고 깊은 자비를 몸과 마음으로 체험하고, 자신과 세상 모두를 위한 평화의 씨앗을 심는 소중한 수행이 됩니다.

# 모든 업을 깨끗이 하는 참된 주문

수리 수리 마하수리 수수리 사바하

행복하십시오.
크게 행복하십시오.
지극히 행복하십시오.
그 행복이 영원하십시오.

입으로 내는 모든 나쁜 말들을 녹여 없애고
깨끗하고 진실한 말만 하겠습니다.

## 모든 신들을 편안하게 모시는 참된 주문

나무 사만다 못다남
옴 도로도로 지미 사바하

온 우주에 두루 계신 부처님께 귀의하오며,
고통에 빠진 모든 중생을 구제하시고,
그 뜻이 이루어지기를 바랍니다.
세상 모든 곳에 평화가 깃들기를 기원합니다.

# 경전을 펼치며
# 마음을 다지는 게송

부처님의 가르침은 깊고 넓으며 미묘하여,
무엇과도 비교할 수 없습니다.
헤아릴 수 없이 많은 세월이 흘러도
부처님의 법을 만나는 것은 어렵습니다.

이처럼 귀한 인연이지만,
지금 부처님의 가르침을 만나 배우게 되었으니,
부디 그 진실한 뜻을 깨닫게 하소서.

부처님의 가르침이 담긴
보물 창고를 여는 참된 주문입니다.

옴 아라남 아라다

번뇌가 없는 편안한 마음으로
밝은 지혜의 문을 열어
만족과 평화를 누리게 하소서.

## 자비와 지혜를 구하며

천 개의 손과 천 개의 눈으로
모든 중생을 살피시는 관세음보살님!

넓고 원만하며 막힘없는 큰 자비의 주문을
지금 배우고자 합니다.

자비로운 관세음보살님께 절합니다.
크고 깊은 원력으로 완전한 모습을 갖추시고,
천 개의 손으로 모든 중생을 보살피시며,
천 개의 눈으로 온 세상을 환히 비추어
살피심을 찬탄합니다.

진실한 가르침으로 이 마음을 맑게 하는
부처님의 말씀을 펼치시고,
어떤 집착도 없는 깨끗한 마음으로 자비를 내려
제 모든 소원을 이루어 주시고,
모든 죄를 영원히 소멸시켜 주시기를 청합니다.

## 소원을 이루는
## 주문의 힘

하늘과 용, 성인들이
관세음보살님을 보호하고 계십니다.

이 주문을 통해
수많은 깨달음이 한순간에 이루어집니다.

부처님의 말씀을 지닌 몸은 환한 빛을 내는 집이 되고,
부처님의 말씀을 품은 마음은 신비로운 힘을 얻게 됩니다.

모든 번뇌를 씻어내고
괴로움의 바다를 건너,
깨달음으로 가는 지혜의 문을 얻게 하소서.

이제 제가 부처님의 주문을 외우며 귀의하오니,
모든 소원이 원만하게 이루어지게 하소서.

# 관세음보살님께
# 드리는 기도

자비로우신 관세음보살님,
온 마음을 다해 귀의합니다.

모든 진리를 하루빨리 깨닫게 하소서.
지혜의 눈을 어서 빨리 얻게 하소서.
모든 존재를 어서 빨리 구원하게 하소서.
좋은 깨달음의 길을 어서 빨리 걷게 하소서.
지혜의 배에 어서 빨리 오르게 하소서.

고통의 바다를 어서 빨리 건너게 하소서.
계율과 선정, 지혜를 어서 빨리 얻게 하소서.
열반의 언덕에 어서 빨리 오르게 하소서.
진리를 깨닫는 집에 어서 속히 들어가게 하소서.
진리의 몸을 어서 빨리 이루게 하소서.

# 지옥을 넘어 깨달음으로

제가 칼산지옥에 가면,
칼산은 저절로 꺾이고,

펄펄 끓는 지옥에 가면,
그 뜨거움은 저절로 사라집니다.

제가 지옥에 가면,
고통은 스스로 사라지고,

아귀의 세계에 가면,
아귀들은 저절로 배부르게 됩니다.

제가 아수라의 세계에 가면,
악한 마음은 선한 마음으로 바뀌고,

동물의 세계에 가면,
지혜를 저절로 얻게 됩니다.

# 불보살님께 귀의하는 마음

관세음보살님께 귀의합니다.
대세지보살님께 귀의합니다.
천수보살님께 귀의합니다.
여의륜보살님께 귀의합니다.
대륜보살님께 귀의합니다.
관자재보살님께 귀의합니다.

정취보살님께 귀의합니다.
만월보살님께 귀의합니다.
수월보살님께 귀의합니다.
군다리보살님께 귀의합니다.
십일면보살님께 귀의합니다.

크신 깨달음을 이루신
모든 위대한 보살님께 귀의합니다.

그리고 우리의 근본 스승이신
아미타 부처님께 귀의합니다.

# 마음을 가다듬는
# 시작

중생의 이해로는 헤아리기 어려운
신기하고 미묘한 내용을 담은
강력하고 신통한 힘을 가진 부처님의 길고 완전한 말씀,
신묘장구대다라니를 시작합니다.

나모 라다나 다라야야
나막알약 바로기제 새바라야
모지 사다바야 마하 사다바야 마하가로 니가야

옴 살바 바예수 다라나 가라야 다사명
나막까리 다바 이맘알야 바로기제 새바라 다바

# 우리의 간절한 염원이
# 이루어지기를

니라간타 나막하리나야 마발다
이사미 살발타 사다남 수반 아예염

살바 보다남 바바마라 미수다감 다냐타
옴 아로계 아로가 마지로가 지가란제
혜혜하례 마하모지 사다바

사마라 사마라 하리나야 구로구로 갈마 사다야 사다야
도로도로 미연제 마하 미연제 다라다라 다린 나례 새바라
자라자라 마라미마라 아마라 몰제 예혜혜 로계 새바라

라아미사미 나사야 나베 사미사미 나사야
모하자라 미사미 나사야 호로호로
마라호로 하례 바나마 나바

사라사라 시리시리 소로소로
못쟈못쟈 모다야 모다야

# 모든 중생을
# 고통에서 구제하신다

매다리야 니라간타 가마사 날사남
바라하라나야 마낙 사바하 싯다야 사바하
마하싯다야 사바하 싯다유예 새바라야 사바하
니라간타야 사바하 바라하 목카싱하 목카야 사바하

바나마 하따야 사바하 자가라 욕다야 사바하
상카섭나녜 모다나야 사바하 마하라 구타다라야 사바하
바마사간타 이사시체다 가릿나 이나야 사바하
먀가라잘바 이바사나야 사바하

나모 라다나 다라야야 나막알야 바로기제 새바라야 사바하

## 모두가 평안해지는 축복

동서남북 사방에 정화수를 뿌려 도량을 깨끗이 하고,
관세음보살의 위력이 우주에 두루 충만하도록 합니다.

동방에 물을 뿌리니
수행하는 도량이 맑아지고,

남방에 물을 뿌리니
마음이 청량해집니다.

서방에 물을 뿌리니
깨끗한 정토가 이루어지고,

북방에 물을 뿌리니
모두가 평안해집니다.

## 청정한 도량에
## 부처님이 오시다

모든 공간이 청정해지고,
부처님과 신들이 도량에 내려오심을 찬탄합니다.

모든 도량이 맑고 깨끗하여 티끌 하나 없으니,
불법승 삼보와 천룡이 이곳에 함께하십니다.

제가 이제 신묘한 진언을 외우오니,
부디 크고 깊은 자비를 베풀어
저를 보호해 주소서.

# 지난날의 잘못을
# 뉘우치다

지난 세월 제가 지은
모든 잘못은,

아주 오래전부터 탐욕과 분노,
어리석음에서 비롯된 것입니다.

이 모든 것을 말과 생각과
행동으로 저질렀으니,

이제 저는 깊이 참회하며
이 모든 죄를 진심으로 뉘우칩니다.

## 죄업을 씻어 없애는 참회법

참회의 힘으로 업장을 소멸시키시는
보배로운 깨달음의 창고, 부처님께 귀의합니다.

널리 빛을 비추시며,
불꽃으로 길을 밝히시는 부처님께 귀의합니다.

모든 향과 꽃을 자유롭게 다스리시는
왕이신 부처님께 귀의합니다.

백억 개 갠지스강의 모래알처럼
무수한 존재를 깨달음으로 인도하는 부처님께 귀의합니다.

참된 위엄과 덕행을 갖추시고
금강석처럼 굳센 힘으로
모든 번뇌와 미혹을 소멸시키고 흩어지게 하는
부처님께 귀의합니다.

# 부처님들의 이름을 부르면

두루 빛을 비추는 달의 궁전에 머무시며,
아름다운 음성으로 존경받는 왕과 같은 부처님께 귀의합니다.

기쁨을 간직한 여의주와 같으시며,
보배로운 공덕을 쌓으신 부처님께 귀의합니다.

끝없이 향기를 풍기시며,
뛰어난 왕이신 부처님께 귀의합니다.

사자와 같이 두려움 없는 용맹함을 지니시고,
달처럼 맑고 깨끗한 부처님께 귀의합니다.

기쁨으로 장엄하게 꾸며진
보배의 왕과 같은 부처님께 귀의합니다.

모든 보배와 깃발, 여의주로 이루어진
뛰어난 빛을 지니신 부처님께 귀의합니다.

## 열 가지 악업에 대한 참회

생명을 해친 모든 잘못을 참회합니다.
남의 것을 훔치거나 빼앗은
모든 잘못을 참회합니다.

음란하고 부정한 모든 잘못을 참회합니다.
사실과 다르게 말한 모든 잘못을 참회합니다.
진실 없이 꾸며 말한 모든 잘못을 참회합니다.

남의 관계를 갈라놓은 모든 잘못을 참회합니다.
남에게 상처 주는 말을 한 모든 잘못을 참회합니다.
과도한 욕심을 부린 모든 잘못을 참회합니다.

분노하고 미워한 모든 잘못을 참회합니다.
진리를 알지 못하고 어리석게 행동한
모든 잘못을 참회합니다.

## 죄와 참회에 대한 깊은 통찰

오랫동안 지은 죄도 진심으로 뉘우치면
한순간에 사라질 수 있습니다.

마른 풀이 불꽃에 닿아 순식간에 타버리듯,
그 흔적조차 남지 않고 깨끗하게 소멸됩니다.

진정한 참회는 단순히 잘못을 뉘우치는 것이 아니라,
죄를 일으킨 마음의 뿌리까지 비워 깨끗이 비워내는 것입니다.

## 진정한 참회를 위해
## 알아야 할 죄의 속성

죄는 본래 실체가 없습니다.
모든 죄는 마음이 지어낸 것입니다.

탐욕과 분노, 어리석음이 사라지면,
그 마음이 만든 죄 또한
자연스럽게 사라집니다.

죄와 마음이 모두 사라져
텅 빈 상태가 되었을 때,
비로소 완전하고 진실한 참회가 이루어집니다.

# 죄업을 뉘우치고
# 깨끗이 씻어내는 힘을 지닌 주문

옴 살바 못자모지 사다야 사바하

모든 중생이
해탈과 깨달음을 이루게 하소서!

모든 소원을 이루어주는
준제보살의 위대한 공덕을 찬탄합니다.

고요한 마음으로
진언을 꾸준히 수행하면
현실의 어려움과 재앙으로부터 보호받습니다.

천상에서 인간 세상에 이르기까지
모든 존재가 부처님과 같은 복과 깨달음을 얻습니다.

모든 것을 이루어주는 보물,
여의주와 같은 준제진언을 지니고 수행하는 이는
반드시 궁극의 깨달음을 얻습니다.

위대하신 준제보살님,
당신은 무한한 지혜와 자비의 어머니이십니다.
저는 지금 그 품에 귀의합니다.

## 마음을 맑히고
## 깨달음을 구하는 주문

법계를 맑게 하는 정화의 주문입니다.

옴 남

탐욕, 분노, 어리석음에서 비롯된 번뇌와 망상을
모두 태워 없애고 깨달음의 길에 들어가며
세상 모든 것을 맑고 깨끗하게 하소서.
깨달음과 자비의 근원에 귀의합니다.

부정적인 것으로부터 자신을 보호하는 주문입니다.

옴 치림

저의 몸과 마음을 지켜주시고,
행복과 영광, 안녕과 평화가 충만하게 하소서.
내 마음이 맑고 평온해지게 하소서.

관세음보살님의 본마음을 보여주는

자비와 깨달음의 주문입니다.

옴 마니 반메 훔

관세음보살님의 크신 자비로
모든 중생의 고통을 없애시고,
모두가 깨달음의 길을 나아가게 하소서.

내 안의 자비가 피어나고,
세상의 고통이 연꽃처럼 맑아지기를.

## 모든 것을 이루는 힘에 귀의하는 주문

나무 사다남 삼먁삼못다 구치남 다냐타
옴 자례주례 준제 사바하 부림

끝없는 모든 부처님께 귀의합니다
위대하신 준제보살님이시여,
저희의 모든 소원을 이루어 주시고
깨달음을 얻게 하소서!

# 행복해지기를

지금 저는 준제보살님의 가르침을 마음에 새깁니다.
깨달음을 향한 마음을 굳건히 세우고,
크고 원대한 소원을 세웁니다.

고요한 집중과 충만한 지혜를 얻어
밝은 마음으로 세상을 바라보게 하시고,
모든 좋은 일과 공덕을 남김없이 이루게 하소서.

최고의 복을 널리 베풀어 세상을 아름답게 하고,
모든 존재가 깨달음을 얻어
행복해지기를 소원합니다.

# 부처님을 닮기 위한
# 열 가지 다짐

지옥, 아귀, 축생이라는
세 가지 고통의 길을 영원히 벗어나겠습니다.

탐욕과 성냄, 어리석음이라는
세 가지 마음의 독을 완전히 끊겠습니다.

부처님과 가르침, 수행 공동체의 이름을
항상 듣고 따르겠습니다.

계율을 지키고, 마음을 고요히 다스리며,
지혜를 얻는 세 가지 수행을 힘써 닦겠습니다.

부처님의 가르침을 따르고,
부처님께서 걸어가신 길을 항상 배우겠습니다.

깨달음을 향한 마음을 굳건히 하고,
항상 그 마음으로 살겠습니다.

반드시 고통 없는
깨달음의 세계에 태어나겠습니다.

아미타 부처님을
직접 뵙고 가르침을 받겠습니다.

이 세상 모든 곳에
저의 몸을 나타내겠습니다.

모든 존재를 빠짐없이
고통에서 구하겠습니다.

# 수행자가 세우는
# 네 가지 큰 다짐

고통 속에서 사는 수많은 사람들을 돕겠습니다.
단순히 물질적인 도움을 넘어,
마음의 괴로움까지 해결하겠습니다.

끝없이 생겨나는 번뇌와 괴로운 마음을 다스리겠습니다.
탐욕, 분노, 어리석음 등 우리를 힘들게 하는
모든 부정적인 감정과 생각을 극복하겠습니다.

한없이 많고 깊은 진리를 배우고 익히겠습니다.
부처님의 가르침과 이 세상의 진리를
끊임없이 배우고 탐구하겠습니다.

가장 위대한 깨달음의 길을 완성하겠습니다.
깨달음을 얻어 부처님과 같은 완전한 존재가 되겠습니다.
삶을 통해 진정한 평화와 행복을 이루고,
그 힘으로 세상을 이롭게 하겠습니다.

# 마음속
# 네 가지 큰 서원

마음속 중생을 구하겠습니다.
내 마음의 이기심, 욕심, 어리석음 등
번뇌에 사로잡힌 마음들을 바로잡겠습니다.

마음속 번뇌를 끊겠습니다.
108번뇌가 외부에 있는 것이 아니라,
내 마음에서 비롯됨을 깨닫고 그 뿌리를 뽑겠습니다.

마음속 진리를 배우겠습니다.
외부의 가르침에 의지하는 것만이 아니라,
내 마음에 이미 존재하는 진리를 깨닫기 위해 노력하겠습니다.

마음속 깨달음을 이루겠습니다.
깨달음이 저 멀리 있는 것이 아니라,
나의 본래 마음을 깨닫는 데 있음을 알아차리겠습니다.

# 진정한 귀의

저는 이제 부처님, 가르침, 수행 공동체라는
세 가지 보물에 제 마음과 삶을 온전히 의지하겠습니다.

온 세상 모든 곳에 계시는 부처님들께
제 마음을 바칩니다.
모든 존재에게 깨달음을 전하고자 노력하는
수많은 부처님들께 존경을 표하며 그 가르침을 따르겠습니다.

온 세상 모든 곳에 퍼진 진리의 가르침에
제 마음을 바칩니다.
불교 경전에 담긴 모든 진리와 가르침을
삶의 기준으로 삼고 실천하겠습니다.

온 세상 모든 곳에서 수행하는 모든 스님들께
제 마음을 바칩니다.
혼자만의 깨달음을 추구하는 것이 아니라,
함께 수행하는 공동체에 의지하며
서로 돕고 바른 길을 걷겠습니다.

**나가는 글**

# 방향을 잃고 흔들리는 삶에 필요한 해법

부처님의 말씀을 한 글자씩 손으로 옮기며 마음을 다스리는 여정은 복잡하고 빠르게 흐르는 세상 속에서 내면을 들여다보는 소중한 시간이었을 것입니다. 단순한 필사를 넘어, 깊은 명상과 수행의 시간이 되었으리라 믿습니다. 그 시간을 통해 본래 지니고 있던 평온과 지혜가 조금씩 빛을 발하는 경험이 되었기를 바랍니다.

이 책은 불자뿐만 아니라, 경전 공부가 어렵거나 부처님의 지혜로 삶의 문제를 해결하고자 하는 모든 분들을 위해 만들어졌습니다. 《반야심경》, 《금강경》, 《천수경》이라는 대승불교의 핵심 경전을 통해, 방대한 경전 속에서도 길을 잃지 않고 밝은 지혜를 찾을 수 있습니다. 한문 경전을 한글로 풀이하더라도 어렵게 느낄 수 있는 내용을, 누구나 쉽게 이해하고 마음에 새길 수 있도록 필사 형태로 구성했습니다.

먼저 '마하반야바라밀다심경'의 깊은 '공' 사상을 통해 모든 집착의 짐을 내려놓는 법을 배웠을 것입니다. 두 번째로 '금강반야바라밀경'의 날카로운 '지혜'를 통해 번뇌의 고리를 끊는 힘을 길렀을 것입니다. 세 번째, 천수천안 관세음보살의 '자비'를 담은 《천수경》을 통해 스스로를 정화하고, 세상의 모든 고통을 품을 수 있는 따뜻한 마음을 키웠을 것입니다.

경전을 따라 쓰는 사경은 불교에서 오랜 세월 이어져온 수행법으로, 혼자서도 고요하게 마음을 다스리며 귀한 시간을 보낼 수 있습니다. 필사는 단순히 글자를 베끼는 행위가 아니라, 부처님의 말씀 속으로 깊이 들어가 그 뜻과 지혜를 온전히 체득하는 수행의 과정입니다.

이 책을 통해 《반야심경》의 '색즉시공'을 손끝으로 느끼고, 《금강경》의 '무주상보시'를 마음으로 새기며, 《천수경》의 '신묘장구대다라니'와 친숙해지셨을 것입니다. 이 모든 행위는 바쁜 일상 속에서도 꾸준히 실천 가능한 강력한 마음 훈련이 됩니다.

그러나 기억해야 할 점이 있습니다. 필사는 단 한 권의 책으로 끝나는 것이 아닙니다. 이 순간 얻은 평온과 통찰을 바탕으로, 일상 속에서 부처님의 가르침을 끊임없이 되새기고 실천하는 것이 중요합니다.

이 책이 여러분의 삶에 작은 등불이 되어, 108번뇌를 넘어 밝고 평화로운 길로 나아가도록 인도하기를 바랍니다. 부처님의 오랜 가르침이 지금 이 순간 삶 속에서 살아 숨 쉬며, 온전함과 충만함이 넘치는 길을 걸어가도록 도와줄 것입니다.

부록

# 3대 경전 원문

## 《반야심경》

### 摩訶般若波羅蜜多心經
마 하 반 야 바 라 밀 다 심 경

觀自在菩薩 行深般若波羅蜜多時 照見五蘊皆空 度一切苦厄
관자재보살 행심반야바라밀다시 조견오온개공 도일체고액

舍利子 色不異空 空不異色 色卽是空 空卽是色
사리자 색불이공 공불이색 색즉시공 공즉시색

受想行識 亦復如是 舍利子 是諸法空相
수상행식 역부여시 사리자 시제법공상

不生不滅 不垢不淨 不增不減 是故 空中無色 無受想行識
불생불멸 불구부정 부증불감 시고 공중무색 무수상행식

無眼耳鼻舌身意 無色聲香味觸法 無眼界 乃至 無意識界
무안이비설신의 무색성향미촉법 무안계 내지 무의식계

無無明 亦無無明盡 乃至 無老死 亦無老死盡 無苦集滅道
무무명 역무무명진 내지 무노사 역무노사진 무고집멸도

無智亦無得 以無所得故 菩提薩埵 依般若波羅蜜多故
무지역무득 이무소득고 보리살타 의반야바라밀다고

心無罣碍 無罣碍故 無有恐怖 遠離顚倒夢想 究竟涅槃
심무가애 무가애고 무유공포 원리전도몽상 구경열반

三世諸佛 依般若波羅蜜多故 阿耨多羅三藐三菩提
삼세제불 의반야바라밀다고 득아뇩다라삼먁삼보리

故知般若波羅蜜多 是大神呪 是大明呪 是無上呪
고지반야바라밀다 시대신주 시대명주 시무상주

是無等等呪 能除一切苦 眞實不虛 故說 般若波羅蜜多呪
시무등등주 능제일체고 진실불허 고설 반야바라밀다주

卽說呪曰
즉설주왈

揭諦揭諦 波羅揭諦 波羅僧揭諦 菩提 薩婆訶
아제아제 바라아제 바라승아제 모지 사바하

揭諦揭諦 波羅揭諦 波羅僧揭諦 菩提 薩婆訶
아제아제 바라아제 바라승아제 모지 사바하

揭諦揭諦 波羅揭諦 波羅僧揭諦 菩提 薩婆訶
아제아제 바라아제 바라승아제 모지 사바하

## 《금강경》

### 金剛般若波羅密經
### 금강반야바라밀경

#### 法會因由分 第一
#### 법회유인분 제1분

如是我聞
여시아문

一時 佛 在舍衛國 祇樹給孤獨園 與大比丘衆 千二百五十人俱
일시 불 재사위국 기수급고덕원 여대비구중 천이백오십인구

爾時 世尊 食時 着衣持鉢 入 舍衛大城 乞食 於其城中 次第乞已
이시 세존 식시 착의지발 입 사위대성 걸식 어기성중 차제걸이

還至本處 飯食訖 收衣鉢 洗足已 敷座而坐
환지본처 반사흘 수의발 세족이 부좌이좌

#### 善現起請分 第二
#### 선현기청분 제2분

時 長老須菩提 在大衆中 卽從座起 偏袒右肩 右膝着地 合掌恭敬 而白佛言
시 장로수보리 재대중중 즉종좌기 편단우견 우슬착지 합장공경 이백불언

希有世尊 如來 善護念 諸菩薩 善付囑 諸菩薩
희유세존 여래 선호념 제보살 선부촉 제보살

世尊 善男子 善女人 發 阿耨多羅三邈三菩提心 應云何住 云何降伏其心
세존 선남자 선여인 발 아뇩다라삼먁삼보리심 응운하주 운하항복기심

佛言 善哉善哉 須菩提
불언 선재선재 수보리

如汝所說 如來善護念諸菩薩 善付囑諸菩薩 汝今諦請 當爲汝說
여여소설 여래선호념제보살 선부촉제보살 여금제청 당위여설

善男子善女人 發阿耨多羅三邈三菩提心 應如是住 如是降伏其心
선남자선여인 발아뇩다라삼먁삼보리심 응여시주 여시항복기심

唯然世尊 願樂欲聞
유연세존 원요욕문

唯然世尊 願樂欲聞
유연세존 원요욕문


大乘正宗分 第三
대승정종분 제3분


佛告須菩提 諸菩薩摩訶薩 應如是降伏其心
불고수보리 제보살마하살 응여시항복기심

所有一切衆生之類 若卵生 若胎生 若濕生 若化生 若有色 若無色
소유일체중생지류 약란생 약태생 약습생 약화생 약유색 약무색

若有想 若無想 若非有想非無想 我皆令入無餘涅槃 而滅度之
약유상 약무상 약비유상비무상 아개영입무여열반 이멸도지

如是 滅度無量無數無邊衆生 實無衆生 得滅度者
여시 멸도무량무수무변중생 실무중생 득멸도자

何以故 須菩提 若菩薩 有我相 人相 衆生相 壽者相 卽非菩薩
하이고 수보리 약보살 유아상 인상 중생상 수자상 즉비보살

妙行無住分 第四
묘행무주분 제4분


復次須菩提 菩薩 於法 應無所住 行於布施
부차수보리 보살 어법 응무소주 행어보시

所謂 不住色布施 不住聲香味觸法布施
소위 부주색보시 부주성향미촉법보시

須菩提 菩薩 應如是布施 不住於相
수보리 보살 응여시보시 부주어상

何以故 若菩薩 不住相布施 其福德 不可思量
하이고 약보살 부주상보시 기복덕 불가사량

須菩提 於意云何 東方虛空 可思量不
수보리 어의운하 동방허공 가사량부

不也 世尊 須菩提 南西北方四維上下虛空 可思量不
불야 세존 수보리 남서북방사유상하허공 가사량부

不也 世尊 須菩提 菩薩無住相布施福德 亦復如是 不可思量
불야 세존 수보리 보살무주상보시복덕 역부여시 불가사량

須菩提 菩薩 但應如所教住
수보리 보살 단응여소교주


如理實見分 第五
여리실견분 제5분


須菩提 於意云何 可以身相 見如來不
수보리 어의운하 가이신상 견여래부

不也 世尊 不可以身相 得見如來
불야 세존 불가이신상 득견여래

何以故 如來所說身相 卽非身相
하이고 여래소설신상 즉비신상

佛告須菩提 凡所有相 皆是虛妄 若見諸相非相 卽見如來
불고수보리 범소유상 개시허망 약견제상비상 즉견여래

## 正信希有分 第六
## 정신희유분 제6분

須菩提 白佛言 世尊 頗有衆生 得聞如是言說章句 生實信不
수보리 백불언 세존 파유중생 득문여시언설장구 생실신부

佛告須菩提
불고수보리

莫作是說 如來滅後 後五百歲 有持戒修福者 於此章句 能生信心 以此爲實
막작시설 여래멸후 후오백세 유지계수복자 어차장구 능생신심 이차위실

當知是人 不於一佛二佛三四五佛 而種善根 已於無量千萬佛所 種諸善根
당지시인 불어일불이불삼사오불 이종선근 이어무량천만불소 종제선근

聞是章句 乃至一念 生淨信者
문시장구 내지일념 생정신자

須菩提 如來 悉知悉見 是諸衆生 得如是無量福德
수보리 여래 실지실견 시제중생 득여시무량복덕

何以故 是諸衆生 無復我相 人相 衆生相 壽者相 無法相 亦無非法相
하이고 시제중생 무부아상 인상 중생상 수자상 무법상 역무비법상

何以故 是諸衆生 若心取相 卽爲着我人衆生壽者
하이고 시제중생 약심취상 즉위착아인중생수자

若取法相 卽着我人衆生壽者
약취법상 즉착아인중생수자

何以故 若取非法相 卽着我人衆生壽者
하이고 약취비법상 즉착아인중생수자

是故 不應取法 不應取非法
시고 불응취법 불응취비법

以是義故 如來常說 汝等比丘 知我說法 如筏喩者 法尙應捨 何況非法
이시의고 여래상설 여등비구 지아설법 여벌유자 법상응사 하황비법


## 無得無說分 第七
## 무득무설분 제7분

須菩提 於意云何 如來得阿耨多羅三邈三菩提耶 如來有所說法耶
수보리 어의운하 여래득아뇩다라삼먁삼보리야 여래유소설법야

須菩提言 如我解佛所說義 無有定法 名阿耨多羅三邈三菩提
수보리언 여아해불소설의 무유정법 명아뇩다라삼먁삼보리

亦無有定法 如來可說
역무유정법 여래가설

何以故 如來所說法 皆不可取 不可說 非法 非非法
하이고 여래소설법 개불가취 불가설 비법 비비법

所以者何 一切賢聖 皆以無爲法 而有差別
소이자하 일체현성 개이무위법 이유차별


## 依法出生分 第八
## 의법출생분 제8분

須菩提 於意云何
수보리 어의운하

若人 滿三千大千世界七寶 以用布施 是人 所得福德 寧爲多不
약인 만삼천대천세계칠보 이용보시 시인 소득복덕 영위다부

須菩提言 甚多 世尊 何以故 是福德 卽非福德性 是故 如來說福德多
수보리언 심다 세존 하이고 시복덕 즉비복덕성 시고 여래설복덕다

若復有人 於此經中 受持乃至四句偈等 爲他人說 其福 勝彼
약부유인 어차경중 수지내지사구게등 위타인설 기복 승피

何以故 須菩提 一切諸佛 及諸佛阿縟多羅三邈三菩提法 皆從此經出
하이고 수보리 일체제불 급제불아뇩다라삼먁삼보리법 개종차경출

須菩提 所謂佛法者 卽非佛法
수보리 소위불법자 즉비불법


一相無相分 第九
일상무상분 제9분


須菩提 於意云何 須陀洹 能作是念 我得須陀洹果不
수보리 어의운하 수다원 능작시념 아득수다원과부

須菩提言 不也 世尊 何以故 須陀洹 名爲入流 而無所入
수보리언 불야 세존 하이고 수다원 명위입류 이무소입

不入色聲香味觸法 是名須陀洹
불입색성향미촉법 시명수다원

須菩提 於意云何 斯陀含 能作是念 我得斯陀含果不
수보리 어의운하 사다함 능작시념 아득사다함과부

須菩提言 不也 世尊 何以故 斯陀含 名一往來 而實無往來 是名斯陀含
수보리언 불야 세존 하이고 사다함 명일왕래 이실무왕래 시명사다함

須菩提 於意云何 阿那含 能作是念 我得阿那含果不
수보리 어의운하 아나함 능작시념 아득아나함과부

須菩提言 不也 世尊 何以故 阿那含 名爲不來 而實無不來 是故 名阿那含
수보리언 불야 세존 하이고 아나함 명위불래 이실무불래 시고 명아나함

須菩提 於意云何 阿羅漢 能作是念 我得阿羅漢道不
수보리 어의운하 아라한 능작시념 아득아라한도부

須菩提言 不也 世尊 何以故 實無有法 名阿羅漢
수보리언 불야 세존 하이고 실무유법 명아라한

世尊 若阿羅漢 作是念 我得阿羅漢道 卽爲着我人衆生壽者
세존 약아라한 작시념 아득아라한도 즉위착아인중생수자

世尊 佛說我得無諍三昧人中 最爲第一 是第一離欲阿羅漢
세존 불설아득무쟁삼매인중 최위제일 시제일이욕아라한

世尊 我不作是念 我是離欲阿羅漢
세존 아부작시념 아시이욕아라한

世尊 我若作是念 我得阿羅漢道 世尊 卽不說須菩提 是樂阿蘭那行者
세존 아약작시념 아득아라한도 세존 즉불설수보리 시요아란나행자

以須菩提 實無所行 而名須菩提 是樂阿蘭那行
이수보리 실무소행 이명수보리 시요아란나행


莊嚴淨土分 第十
장엄정토분 제10분


佛告須菩提 於意云何 如來昔在燃燈佛所 於法 有所得不
불고수보리 어의운하 여래석재연등불소 어법 유소득부

不也 世尊 如來在燃燈佛所 於法 實無所得
불야 세존 여래재연등불소 어법 실무소득

須菩提 於意云何 菩薩 莊嚴佛土不
수보리 어의운하 보살 장엄불토부

不也 世尊 何以故 莊嚴佛土者 卽非莊嚴 是名莊嚴
불야 세존 하이고 장엄불토자 즉비장엄 시명장엄

是故 須菩提 諸菩薩摩訶薩 應如是生淸淨心
시고 수보리 제보살마하살 응여시생청정심

不應住色生心 不應住聲香味觸法生心 應無所住 而生其心
불응주색생심 불응주성향미촉법생심 응무소주 이생기심

須菩提 譬如有人 身如須彌山王 於意云何 是身 爲大不
수보리 비여유인 신여수미산왕 어의운하 시신 위대부

須菩提言 甚大 世尊 何以故 佛說非身 是名大身
수보리언 심대 세존 하이고 불설비신 시명대신

### 無爲福勝分 第十一
### 무위복승분 제11분

須菩提 如恒河中所有沙數 如是沙等恒河 於意云何 是諸恒河沙 寧爲多不
수보리 여항하중소유사수 여시사등항하 어의운하 시제항하사 영위다부

須菩提言 甚多 世尊 但諸恒河 尙多無數 何況其沙
수보리언 심다 세존 단제항하 상다무수 하황기사

須菩提 我今實言 告汝
수보리 아금실언 고여

若有善男子善女人 以七寶 滿爾所恒河沙數三千大千世界 以用布施 得福 多不
약유선남자선녀인 이칠보 만이소항하사수삼천대천세계 이용보시 득복 다부

須菩提言 甚多 世尊
수보리언 심다 세존

佛告須菩提 若善男子善女人 於此經中
불고수보리 약선남자선녀인 어차경중

乃至受持四句偈等 爲他人說 而此福德 勝前福德
내지수지사구게등 위타인설 이차복덕 승전복덕

## 尊重正教分 第十二
## 존중정교분 제12분

復次須菩提 隨說是經 乃至四句偈等 當知此處
부차수보리 수설시경 내지사구게등 당지차처

一切世間天人阿修羅 皆應供養 如佛塔廟 何況有人 盡能受持讀誦
일체세간천인아수라 개응공양 여불탑묘 하황유인 진능수지독송

須菩提 當知是人 成就最上第一希有之法
수보리 당지시인 성취최상제일희유지법

若是經典所在之處 即爲有佛 若尊重弟子
약시경전소재지처 즉위유불 약존중제자


## 如法受持分 第十三
## 여법수지분 제13분

爾時 須菩提 白佛言 世尊 當何名此經 我等 云何奉持
이시 수보리 백불언 세존 당하명차경 아등 운하봉지

佛告須菩提 是經名爲 金剛般若波羅蜜 以是名字 汝當奉持
불고수보리 시경명위 금강반야바라밀 이시명자 여당봉지

所以者何 須菩提 佛說般若波羅蜜 即非般若波羅蜜 是名般若波羅蜜
소이자하 수보리 불설반야바라밀 즉비반야바라밀 시명반야바라밀

須菩提 於意云何 如來有所說法不 須菩提 白佛言 世尊 如來無所說
수보리 어의운하 여래유소설법부 수보리 백불언 세존 여래무소설

須菩提 於意云何 三千大千世界 所有微塵 是爲多不
수보리 어의운하 삼천대천세계 소유미진 시위다부

須菩提言 甚多 世尊 須菩提 諸微塵 如來說非微塵 是名微塵
수보리언 심다 세존 수보리 제미진 여래설비미진 시명미진

如來說世界 非世界 是名世界
여래설세계 비세계 시명세계

須菩提 於意云何 可以三十二相 見如來不
수보리 어의운하 가이삼십이상 견여래부

不也 世尊 不可以三十二相 得見如來
불야 세존 불가이삼십이상 득견여래

何以故 如來說三十二相 卽是非相 是名三十二相
하이고 여래설삼십이상 즉시비상 시명삼십이상

須菩提 若有善男子善女人 以恒河沙等身命 布施
수보리 약유선남자선여인 이항하사등신명 보시

若復有人 於此經中 乃至受持四句偈等 爲他人說 其福甚多
약부유인 어차경중 내지수지사구게등 위타인설 기복심다


## 離相寂滅分 第十四
## 이상적멸분 제14분

爾時 須菩提 聞說是經 深解義趣 涕淚悲泣 而白佛言
이시 수보리 문설시경 심해의취 체루비읍 이백불언

希有世尊 佛說如是甚深經典 我從昔來所得慧眼 未曾得聞如是之經
희유세존 불설여시심심경전 아종석래소득혜안 미증득문여시지경

世尊 若復有人 得聞是經 信心淸淨 卽生實相 當知是人 成就第一 希有功德
세존 약부유인 득문시경 신심청정 즉생실상 당지시인 성취제일 희유공덕

世尊 是實相者 卽是非相 是故 如來說名實相
세존 시실상자 즉시비상 시고 여래설명실상

世尊 我今得聞如是經典 信解受持 不足爲難
세존 아금득문여시경전 신해수지 부족위난

若當來世 後五百歲 其有衆生 得聞是經 信解受持 是人 卽爲第一希有
약당내세 후오백세 기유중생 득문시경 신해수지 시인 즉위제일희유

何以故 此人 無我相 無人相 無衆生相 無壽者相
하이고 차인 무아상 무인상 무중생상 무수자상

所以者何 我相 卽是非相 人相衆生相壽者相 卽是非相
소이자하 아상 즉시비상 인상중생상수자상 즉시비상

何以故 離一切諸相 卽名諸佛
하이고 이일체제상 즉명제불

佛告須菩提
불고수보리

如是如是 若復有人 得聞是經 不驚不怖不畏 當知是人 甚爲希有
여시여시 약부유인 득문시경 불경불포불외 당지시인 심위희유

何以故 須菩提 如來說第一波羅蜜 卽非第一波羅蜜 是名第一波羅蜜
하이고 수보리 여래설제일바라밀 즉비제일바라밀 시명제일바라밀

須菩提 忍辱波羅蜜 如來說非忍辱波羅蜜 是名忍辱波羅蜜 何以故
수보리 인욕바라밀 여래설비인욕바라밀 시명인욕바라밀 하이고

須菩提 如我昔爲歌利王 割截身體 我於爾時 無我相 無人相 無衆生相 無壽者相
수보리 여아석위가리왕 할절신체 아어이시 무아상 무인상 무중생상 무수자상

何以故 我於往昔節節支解時 若有我相人相衆生相壽者相 應生嗔恨
하이고 아어왕석절절지해시 약유아상인상중생상수자상 응생진한

須菩提 又念過去於五百世 作忍辱仙人 於爾所世 無我相 無人相 無衆生相 無壽者相
수보리 우념과거어오백세 작인욕선인 어이소세 무아상 무인상 무중생상 무수자상

是故 須菩提 菩薩 應離一切相 發阿耨多羅三邈三菩提心
시고 수보리 보살 응리일체상 발아뇩다라삼막삼보리심

不應住色生心 不應住聲香味觸法生心 應生無所住心
불응주색생심 불응주성향미촉법생심 응생무소주심

若心有住 卽爲非住 是故 佛說菩薩 心不應住色布施
약심유주 즉위비주 시고 불설보살 심불응주색보시

須菩提 菩薩 爲利益一切衆生 應如是布施
수보리 보살 위이익일체중생 응여시보시


如來說一切諸相 卽是非相 又說一切衆生 卽非衆生
여래설일체제상 즉시비상 우설일체중생 즉비중생

須菩提 如來 是眞語者 實語者 如語者 不光語者 不異語者
수보리 여래 시진어자 실어자 여어자 불광어자 불이어자

須菩提 如來所得法 此法 無實無虛
수보리 여래소득법 차법 무실무허

須菩提 若菩薩 心住於法 而行布施 如人 入闇 卽無所見
수보리 약보살 심주어법 이행보시 여인 입암 즉무소견

若菩薩 心不住法 而行布施 如人 有目 日光明照 見種種色
약보살 심부주법 이행보시 여인 유목 일광명조 견종종색

須菩提 當來之世 若有善男子善女人 能於此經 受持讀誦
수보리 당래지세 약유선남자선녀인 능어차경 수지독송

卽爲如來 以佛智慧 悉知是人 悉見是人 皆得成就 無量無邊功德
즉위여래 이불지혜 실지시인 실견시인 개득성취 무량무변공덕


持經功德分 第十五
## 지경공덕분 제15분

須菩提 若有善男子善女人 初日分 以恒河沙等身 布施
수보리 약유선남자선녀인 초일분 이항하사등신 보시

中日分 復以恒河沙等身 布施 後日分 亦以恒河沙等身 布施
중일분 부이항하사등신 보시 후일분 역이항하사등신 보시

如是無量百千萬億劫 以身布施 若復有人 聞此經典 信心不逆
여시무량백천만억겁 이신보시 약부유인 문차경전 신심불역

其福 勝彼 何況書寫受持讀誦 爲人解說
기복 승피 하황서사수지독송 위인해설

須菩提 以要言之 是經 有不可思議不可稱量無邊功德
수보리 이요언지 시경 유불가사의불가칭량무변공덕

如來爲發大乘者說 爲發最上乘者說
여래위발대승자설 위발최상승자설

若有人 能受持讀誦 廣爲人說 如來 悉知是人 悉見是人
약유인 능수지독송 광위인설 여래 실지시인 실견시인

皆得成就不可量不可稱無有邊不可思議功德
개득성취불가량불가칭무유변불가사의공덕

如是人等 卽爲荷擔如來阿縟多羅三邈三菩提
여시인등 즉위하담여래아뇩다라삼먁삼보리

何以故 須菩提 若樂小法者 着我見 人見 衆生見 壽者見
하이고 수보리 약요소법자 착아견 인견 중생견 수자견

卽於此經 不能聽受讀誦 爲人解說
즉어차경 불능청수독송 위인해설

須菩提 在在處處 若有此經 一切世間天人阿修羅 所應供養
수보리 재재처처 약유차경 일체세간천인아수라 소응공양

當知此處 卽爲是塔 皆應恭敬 作禮圍遶 以諸華香 而散其處
당지차처 즉위시탑 개응공경 작례위요 이제화향 이산기처


能淨業障分 第一六
## 능정업장분 제16분


復次須菩提 善男子善女人 受持讀誦此經 若爲人輕賤
부차수보리 선남자선녀인 수지독송차경 약위인경천

是人 先世罪業 應墮惡道 以今世人 輕賤故 先世罪業 卽爲消滅
시인 선세죄업 응타악도 이금세인 경천고 선세죄업 즉위소멸

當得阿縟多羅三邈三菩提
당득아뇩다라삼먁삼보리

須菩提 我念過去無量阿僧祇劫
수보리 아념과거무량아승지겁

於燃燈佛前 得値八百四千萬億那由他諸佛 悉皆供養承事 無空過者
어연등불전 득치팔백사천만억나유타제불 실개공양승사 무공과자

若復有人 於後末世 能受持讀誦此經 所得功德
약부유인 어후말세 능수지독송차경 소득공덕

於我所供養諸佛功德 百分不及一 千萬億分 乃至算數譬喩 所不能及
어아소공양제불공덕 백분불급일 천만억분 내지산수비유 소불능급

須菩提 若善男子善女人 於後末世 有受持讀誦此經 所得功德 我若具說者
수보리 약선남자선녀인 어후말세 유수지독송차경 소득공덕 아약구설자

或有人 聞 心卽狂亂 狐疑不信
혹유인 문 심즉광란 호의불신

須菩提 當知是經義 不可思議 果報 亦不可思議
수보리 당지시경의 불가사의 과보 역불가사의


究竟無我分 第 十七
구경무아분 제17분


爾時 須菩提 白佛言
이시 수보리 백불언

世尊 善男子善女人 發阿耨多羅三邈三菩提心 云何應住 云何降伏其心
세존 선남자선녀인 발아뇩다라삼먁삼보리심 운하응주 운하항복기심

佛告須菩提 若善男子善女人 發阿耨多羅三邈三菩提心者
불고수보리 약선남자선녀인 발아뇩다라삼먁삼보리심자

當生如是心 我應滅度一切衆生 滅度一切衆生已 而無有一衆生 實滅度者
당생여시심 아응멸도일체중생 멸도일체중생이 이무유일중생 실멸도자

何以故 須菩提 若菩薩 有我相 人相 衆生相 壽者相 卽非菩薩
하이고 수보리 약보살 유아상 인상 중생상 수자상 즉비보살

所以者何 須菩提 實無有法 發阿耨多羅三邈三菩提心者
소이자하 수보리 실무유법 발아뇩다라삼먁삼보리심자

須菩提 於意云何 如來 於燃燈佛所 有法 得阿耨多羅三邈三菩提不
수보리 어의운하 여래 어연등불소 유법 득아뇩다라삼먁삼보리부

不也 世尊 如我解佛所說義 佛於燃燈佛所 無有法 得阿耨多羅三藐三菩提
불야 세존 여아해불소설의 불어연등불소 무유법 득아뇩다라삼먁삼보리

佛言 如是如是 須菩提 實無有法 如來得阿耨多羅三藐三菩提
불언 여시여시 수보리 실무유법 여래득아뇩다라삼먁삼보리

須菩提 若有法 如來得阿耨多羅三藐三菩提者
수보리 약유법 여래득아뇩다라삼먁삼보리자

燃燈佛 即不與我授記 汝於來世 當得作佛 號釋迦牟尼
연등불 즉불여아수기 여어내세 당득작불 호석가모니

以實無有法 得阿耨多羅三藐三菩提 是故 燃燈佛 與我授記
이실무유법 득아뇩다라삼먁삼보리 시고 연등불 여아수기

是故 燃燈佛 與我授記 作是言 汝於來世 當得作佛 號釋迦牟尼
시고 연등불 여아수기 작시언 여어내세 당득작불 호석가모니

何以故 如來者 即諸法如義
하이고 여래자 즉제법여의

若有人言 如來得阿耨多羅三藐三菩提 須菩提 實無有法 佛得阿耨多羅三藐三菩提
약유인언 여래득아뇩다라삼먁삼보리 수보리 실무유법 불득아뇩다라삼먁삼보리

須菩提 如來所得阿耨多羅三藐三菩提 於是中 無實無虛
수보리 여래소득아뇩다라삼먁삼보리 어시중 무실무허

是故 如來說一切法 皆是佛法
시고 여래설일체법 개시불법

須菩提 所言一切法者 即非一切法 是故 名一切法
수보리 소언일체법자 즉비일체법 시고 명일체법

須菩提 譬如人身長大
수보리 비여인신장대

須菩提言 世尊 如來說人身長大 即爲非大身 是名大身
수보리언 세존 여래설인신장대 즉위비대신 시명대신


須菩提 菩薩 亦如是 若作是言 我當滅度無量衆生 即不名菩薩
수보리 보살 역여시 약작시언 아당멸도무량중생 즉불명보살

何以故 須菩提 實無有法 名爲菩薩
하이고 수보리 실무유법 명위보살

是故 佛說一切法 無我無人無衆生無壽者
시고 불설일체법 무아무인무중생무수자

須菩提 若菩薩 作是言 我當莊嚴佛土 是不名菩薩
수보리 약보살 작시언 아당장엄불토 시불명보살

何以故 如來說莊嚴佛土者 卽非莊嚴 是名莊嚴
하이고 여래설장엄불토자 즉비장엄 시명장엄

須菩提 若菩薩 通達無我法者 如來說名眞是菩薩
수보리 약보살 통달무아법자 여래설명진시보살


一切同觀分 第十八
## 일체동관분 제18분

須菩提 於意云何 如來 有肉眼不 如是 世尊 如來 有肉眼
수보리 어의운하 여래 유육안부 여시 세존 여래 유육안

須菩提 於意云何 如來 有天眼不 如是 世尊 如來 有天眼
수보리 어의운하 여래 유천안부 여시 세존 여래 유천안

須菩提 於意云何 如來 有慧眼不 如是 世尊 如來 有慧眼
수보리 어의운하 여래 유혜안부 여시 세존 여래 유혜안

須菩提 於意云何 如來 有法眼不 如是 世尊 如來 有法眼
수보리 어의운하 여래 유법안부 여시 세존 여래 유법안

須菩提 於意云何 如來 有佛眼不 如是 世尊 如來 有佛眼
수보리 어의운하 여래 유불안부 여시 세존 여래 유불안

須菩提 於意云何 如恒河中所有沙 佛說是沙不
수보리 어의운하 여항하중소유사 불설시사부

如是 世尊 如來說是沙
여시 세존 여래설시사

須菩提 於意云何 如一恒河中所有沙 有如是沙等恒河 是諸恒河所有沙數 佛世界
수보리 어의운하 여일항하중소유사 유여시사등항하 시제항하소유사수 불세계

如是 寧爲多不 甚多 世尊
여시 영위다부 심다 세존

佛告須菩提 爾所國土中 所有衆生 若干種心 如來悉知
불고수보리 이소국토중 소유중생 약간종심 여래실지

何以故 如來說諸心 皆爲非心 是名爲心
하이고 여래설제심 개위비심 시명위심

所以者何 須菩提 過去心不可得 現在心不可得 未來心不可得
소이자하 수보리 과거심불가득 현재심불가득 미래심불가득


法界通化分 第十九
법계통화분 제19분

須菩提 於意云何 若有人 滿三千大千世界七寶 以用布施 是人 以是因緣 得福多不
수보리 어의운하 약유인 만삼천대천세계칠보 이용보시 시인 이시인연 득복다부

如是 世尊 此人 以是因緣 得福 甚多
여시 세존 차인 이시인연 득복 심다

須菩提 若福德 有實 如來 不說得福德多 以福德 無故 如來 說得福德多
수보리 약복덕 유실 여래 불설득복덕다 이복덕 무고 여래 설득복덕다


離色離相分 第二十
이색이상분 제20분

須菩提 於意云何 佛 可以具足色身 見不 不也 世尊 如來 不應以具足色身 見
수보리 어의운하 불 가이구족색신 견부 불야 세존 여래 불응이구족색신 견

何以故 如來 說具足色身 卽非具足色身 是名具足色身
하이고 여래 설구족색신 즉비구족색신 시명구족색신

須菩提 於意云何 如來 可以具足諸相 見不 不也 世尊 如來 不應以具足諸相 見
수보리 어의운하 여래 가이구족제상 견부 불야 세존 여래 불응이구족제상 견

何以故 如來 說諸相具足 卽非具足 是名諸相具足
하이고 여래 설제상구족 즉비구족 시명제상구족

## 非說所說分 第二十一
## 비설소설분 제21분

須菩提 汝勿謂如來作是念 我當有所說法 莫作是念
수보리 여물위여래작시념 아당유소설법 막작시념

何以故 若人 言 如來 有所說法 卽爲謗佛 不能解我所說故
하이고 약인 언 여래 유소설법 즉위방불 불능해아소설고

須菩提 說法者 無法可說 是名說法
수보리 설법자 무법가설 시명설법

爾時 慧命須菩提 白佛言 世尊 頗有衆生 於未來世 聞說是法 生信心不
이시 혜명수보리 백불언 세존 파유중생 어미래세 문설시법 생신심부

佛言 須菩提 彼非衆生 非不衆生
불언 수보리 피비중생 비불중생

何以故 須菩提 衆生衆生者 如來說非衆生 是名衆生
하이고 수보리 중생중생자 여래설비중생 시명중생

## 無法可得分 第二十二
## 무법가득분 제22분

須菩提白佛言 世尊 佛得阿耨多羅三藐三菩提 爲無所得耶
수보리백불언 세존 불득아누다라삼막삼보제 위무소득야

佛言 如是如是 須菩提
불언 여시여시 수보리

我於阿耨多羅三邈三菩提 乃至無有少法可得 是名阿耨多羅三邈三菩提
아어아뇩다라삼먁삼보리 내지무유소법가득 시명아뇩다라삼먁삼보리


## 淨心行善分 第二十三
## 정심행선분 제23분

復次須菩提 是法 平等 無有高下 是名阿耨多羅三邈三菩提
부차수보리 시법 평등 무유고하 시명아뇩다라삼먁삼보리

以無我無人無衆生無壽者 修一切善法 卽得阿耨多羅三邈三菩提
이무아무인무중생무수자 수일체선법 즉득아뇩다라삼먁삼보리

須菩提 所言善法者 如來說卽非善法 是名善法
수보리 소언선법자 여래설즉비선법 시명선법


## 福智無比分 第二十四
## 복지무비분 제24분

須菩提 若三千大千世界中 所有諸須彌山王 如是等七寶聚 有人 持用布施
수보리 약삼천대천세계중 소유제수미산왕 여시등칠보취 유인 지용보시

若人 以此般若波羅蜜經 乃至四句偈等 受持讀誦 爲他人說
약인 이차반야바라밀경 내지사구게등 수지독송 위타인설

於前福德 百分不及一 百千萬億分 乃至算數譬喩 所不能及
어전복덕 백분불급일 백천만억분 내지산수비유 소불능급

## 化無所化分 第二十五
## 화무소화분 제25분

須菩提 於意云何 汝等 勿謂如來作是念 我當度 衆生 須菩提 莫作是念
수보리 어의운하 여등 물위여래작시념 아당도 중생 수보리 막작시념

何以故 實無有衆生 如來度者
하이고 실무유중생 여래도자

若有衆生 如來度者 如來 卽有我人衆生壽者
약유중생 여래도자 여래 즉유아인중생수자

須菩提 如來說有我者 卽非有我 而凡夫之人 以爲有我
수보리 여래설유아자 즉비유아 이범부지인 이위유아

須菩提 凡夫者 如來說卽非凡夫 是名凡夫
수보리 범부자 여래설즉비범부 시명범부


## 法身非相分 第二十六
## 법신비상분 제26분

須菩提 於意云何 可以三十二相 觀如來不
수보리 어의운하 가이삼십이상 관여래부

須菩提言 如是如是 以三十二相 觀如來
수보리언 여시여시 이삼십이상 관여래

佛言 須菩提 若以三十二相 觀如來者 轉輪聖王 卽時如來
불언 수보제 약이삼십이상 관여래자 전륜성왕 즉시여래

須菩提 白佛言 世尊 如我解佛所說義 不應以三十二相 觀如來
수보리 백불언 세존 여아해불소설의 불응이삼십이상 관여래

爾時 世尊 而說偈言 若以色見我 以音聲求我 是人行邪道 不能見如來
이시 세존 이설게언 약이색견아 이음성구아 시인행사도 불능견여래

無斷無滅分 第二十七
무단무결분 제27분


須菩提 汝若作是念 如來 不以具足相故 得阿耨多羅三藐三菩提
수보리 여약작시념 여래 불이구족상고 득아뇩다라삼먁삼보리

須菩提 莫作是念 如來 不以具足相故 得阿耨多羅三藐三菩提
수보리 막작시념 여래 불이구족상고 득아뇩다라삼먁삼보리

須菩提 汝若作是念 發阿耨多羅三藐三菩提心者 說諸法斷滅 莫作是念
수보리 여약작시념 발아뇩다라삼먁삼보리심자 설제법단멸 막작시념

何以故 發阿耨多羅三藐三菩提心者 於法 不說斷滅相
하이고 발아뇩다라삼먁삼보리심자 어법 불설단멸상



不受不貪分 第二十八
불수불탐분 제28분


須菩提 若菩薩 以滿恒河沙等世界七寶 持用布施
수보리 약보살 이만항하사등세계칠보 지용보시

若復有人 知一切法無我 得成於忍 此菩薩 勝前菩薩 所得功德
약부유인 지일체법무아 득성어인 차보살 승전보살 소득공덕

何以故 須菩提 以諸菩薩 不受福德故
하이고 수보리 이제보살 불수복덕고


須菩提 白佛言 世尊 云何菩薩 不受福德
수보리 백불언 세존 운하보살 불수복덕

須菩提 菩薩 所作福德 不應貪着 是故 說不受福德
수보리 보살 소작복덕 불응탐착 시고 설불수복덕

## 威儀寂靜分 第二十九
## 위의적정분 제29분

須菩提 若有人 言 如來 若來若去 若坐若臥 是人 不解我所說義
수보리 약유인 언 여래 약래약거 약좌약와 시인 불해아소설의

何以故 如來者 無所從來 亦無所去 故名如來
하이고 여래자 무소종래 역무소거 고명여래


## 一合理相分 第三十
## 일합이상분 제30분

須菩提 若善男子善女人 以三千大千世界 碎爲微塵 於意云何 是微塵衆 寧爲多不
수보리 약선남자선녀인 이삼천대천세계 쇄위미진 어의운하 시미진중 영위다부

須菩提言 甚多 世尊 何以故 若是微塵衆 實有者 佛卽不說是微塵衆
수보리언 심다 세존 하이고 약시미진중 실유자 불즉불설시미진중

所以者何 佛說微塵衆 卽非微塵衆 是名微塵衆
소이자하 불설미진중 즉비미진중 시명미진중

世尊 如來所說三千大千世界 卽非世界 是名世界
세존 여래소설삼천대천세계 즉비세계 시명세계

何以故 若世界 實有者 卽是一合相 如來說一合相 卽非一合相 是名一合相
하이고 약세계 실유자 즉시일합상 여래설일합상 즉비일합상 시명일합상

須菩提 一合相者 卽是不可說 但凡夫之人 貪着其事
수보리 일합상자 즉시불가설 단범부지인 탐착기사

## 知見不生分 第三十一
## 지견불생분 제31분

須菩提 若人 言 佛說我見人見衆生見壽者見
수보리 약인 언 불설아견인견중생견수자견

須菩提 於意云何 是人 解我所說義不 不也 世尊 是人 不解如來所說義
수보리 어의운하 시인 해아소설의부 불야 세존 시인 불해여래소설의

何以故 世尊 說我見人見衆生見壽者見
하이고 세존 설아견인견중생견수자견

卽非我見人見衆生見壽者見 是名我見人見衆生見壽者見
즉비아견인견중생견수자견 시명아견인견중생견수자견

須菩提 發阿耨多羅三藐三菩提心者
수보리 발아뇩다라삼먁삼보리심자

於一切法 應如是知 如是見 如是信解 不生法相
어일체법 응여시지 여시견 여시신해 불생법상

須菩提 所言法相者 如來說卽非法相 是名法相
수보리 소언법상자 여래설즉비법상 시명법상


## 應化非眞分 第三十二
## 응화비진분 제32분

須菩提 若有人 以滿無量阿僧祇世界七寶 持用布施
수보리 약유인 이만무량아승기세계칠보 지용보시

若有善男子善女人 發菩薩心者 持於此經
약유선남자선녀인 발보살심자 지어차경

乃至四句偈等 受持讀誦 爲人演說 其福 勝彼
내지사구게등 수지독송 위인연설 기복 승피

云何爲人演說 不取於相 如如不動
운하위인연설 불취어상 여여부동

何以故 一切有爲法 如夢幻泡影 如露亦如電 應作如是觀
하이고 일체유위법 여몽환포영 여로역여전 응작여시관

佛說是經已 長老須菩提 及諸比丘比丘尼 優婆塞優婆尼
불설시경이 장로수보리 급제비구비구니 우바새우바이

一切世間天人阿修羅 聞佛所說 皆大歡喜 信受奉行 金剛般若波羅蜜經
일체세간천인아수라 문불소설 개대환희 신수봉행 금강반야바라밀경

# 《천수경》

## 千手千眼觀自在菩薩廣大圓滿無碍大悲心大陀羅尼經
### 천수천안관자재보살광대원만무애대비심대다라니경

### 淨口業眞言
### 정구업진언

수리수리 마하수리 수수리 사바하
수리수리 마하수리 수수리 사바하
수리수리 마하수리 수수리 사바하

### 五方內外安慰諸神眞言
### 오방내외안위제신진언

나무 사만다 못다남 옴 도로도로 지미 사바하
나무 사만다 못다남 옴 도로도로 지미 사바하
나무 사만다 못다남 옴 도로도로 지미 사바하

### 開經偈
### 개경게

無上甚深微妙法
무상심심미묘법

百千萬劫難遭遇
백천만겁난조우
我今聞見得受持
아금문견득수지
願解如來眞實義
원해여래진실의

開法藏眞言
개법장진언

옴 아라남 아라다
옴 아라남 아라다
옴 아라남 아라다

千手千眼 觀自在菩薩 廣大圓滿 無碍大悲心 大陀羅尼 啓請
천수천안 관자재보살 광대원만 무애대비심 대다라니 계청

稽首觀音大悲呪
계수관음대비주
願力洪深相好身
원력홍심상호신
千臂莊嚴普護持
천비장엄보호지
千眼光明遍觀照
천안광명변관조
眞實語中宣密語
진실어중선밀어

無爲心內起悲心
무위심내기비심

速令滿足諸希求
속령만족제희구

永使滅除諸罪業
영사멸제제죄업

天龍衆聖同慈護
천룡중성동자호

百千三昧頓薰修
백천삼매돈훈수

受持身是光明幢
수지신시광명당

受持心是神通藏
수지심시신통장

洗滌塵勞願濟海
세척진로원제해

超證菩提方便門
초증보리방편문

我今稱誦誓歸依
아금칭송서귀의

所願從心悉圓滿
소원종심실원만

南無大悲觀世音
나무대비관세음

願我速知一切法
원아속지일체법

南無大悲觀世音
나무대비관세음

願我早得智慧眼
원아조득지혜안

南無大悲觀世音
나무대비관세음

願我速度一切衆
원아속도일체중

南無大悲觀世音
나무대비관세음

願我早得善方便
원아조득선방편

南無大悲觀世音
나무대비관세음

願我速乘般若船
원아속승반야선

南無大悲觀世音
나무대비관세음

願我早得越苦海
원아조득월고해

南無大悲觀世音
나무대비관세음

願我速得戒定道
원아속득계정도

南無大悲觀世音
나무대비관세음

願我早登圓寂山
원아조등원적산

南無大悲觀世音
나무대비관세음

願我速會無爲舍
원아속회무위사

南無大悲觀世音
나무대비관세음

願我早同法性身
원아조동법성신


我若向刀山　刀山自摧折
아약향도산　도산자최절

我若向火湯　火湯自消滅
아약향화탕　화탕자소멸

我若向地獄　地獄自枯渴
아약향지옥　지옥자고갈

我若向餓鬼　餓鬼自飽滿
아약향아귀　아귀자포만

我若向修羅　惡心自調伏
아약향수라　악심자조복

我若向畜生　自得大智慧
아약향축생　자득대지혜


南無觀世音菩薩摩訶薩
나무관세음보살마하살

南無大勢至菩薩摩訶薩
나무대세지보살마하살

南無千手菩薩摩訶薩
나무천수보살마하살

南無如意輪菩薩摩訶薩
나무여의륜보살마하살

南無大輪菩薩摩訶薩
나무대륜보살마하살

南無觀自在菩薩摩訶薩
나무관자재보살마하살

南無正趣菩薩摩訶薩
나무정취보살마하살

南無滿月菩薩摩訶薩
나무만월보살마하살

南無水月菩薩摩訶薩
나무수월보살마하살

南無軍茶利菩薩摩訶薩
나무군다리보살마하살

南無十一面菩薩摩訶薩
나무십일면보살마하살

南無諸大菩薩摩訶薩
나무제대보살마하살


南無 本師 阿彌陀佛
나무 본사 아미타불

南無 本師 阿彌陀佛
나무 본사 아미타불

南無 本師 阿彌陀佛
나무 본사 아미타불

## 神妙章句大陀羅尼
## 신묘장구대다라니

나모 라다나 다라야야
나막알약 바로기제 새바라야 모지 사다바야
마하 사다바야 마하가로 니가야
옴 살바 바예수 다라나 가라야 다사명
나막가리 다바 이맘알야 바로기제 새바라 다바
니라간타 나막하리나야 마발다 이사미 살발타 사다남
수반 아예염 살바 보다남 바바말아 미수다감 다냐타
옴 아로계 아로가 마지로가 지가란제 혜혜하례 마하모지
사다바 사마라 사마라 하리나야 구로구로 갈마
사다야 사다야 도로도로 미연제 마하 미연제
다라다라 다린나례 새바라 자라자라 마라미마라
아마라 몰제 예혜혜 로계 새바라 라아미사미 나사야
나베 사미사미 나사야 모하자라 미사미 나사야
호로호로 마라호로 하례 바나마 나바 사라사라
시리시리 소로소로 못쟈못쟈 모다야 모다야
매다리야 니라간타 가마사 날사남 바라하라나야
마낙 사바하 싯다야 사바하 마하 싯다야 사바하
싯다유예 새바라야 사바하 니라간타야 사바하
바라하 목카싱하 목카야 사바하
바나마 하따야 사바하
자가라 욕다야 사바하 상카섭나네 모다나야 사바하
마하라 구타다라야 사바하 바마사간타 이사시체다
가릿나 이나야 사바하 먀가라잘마 이바사나야 사바하

나모 라다나 다라야야 나막알야 바로기제 새바라야 사바하
나모 라다나 다라야야 나막알야 바로기제 새바라야 사바하
나모 라다나 다라야야 나막알야 바로기제 새바라야 사바하

四方讚
사방찬

一灑東方潔道場
일쇄동방결도량
二灑南方得淸凉
이쇄남방득청량
三灑西方俱淨土
삼쇄서방구정토
四灑北方永安江
사쇄북방영안강


道場讚
도량찬

道場淸淨無瑕穢
도량청정무하예
三寶天龍降此地
삼보천룡강차지
我今指誦妙眞言
아금지송묘진언
願賜慈悲密加護
원사자비밀가호

懺悔偈
## 참회게

我昔所造諸惡業
아석소조제악업

皆由無始貪瞋痴
개유무시탐진치

從身口意之所生
종신구의지소생

一切我今皆懺悔
일체아금개참회


懺除業障十二尊佛
## 참제업장십이존불

南無懺除業障寶勝藏佛
나무참제업장보승장불

寶光王火炎照佛
보광왕화렴조불

一切香火自在力王佛
일체향화자재력왕불

百億恒河沙決定佛
백억항하사결정불

振威德佛
진위덕불

金剛堅强消伏壞散佛
금강견강소복괴산불

普光月殿妙音尊王佛
보광월전묘음존왕불

歡喜藏摩尼寶積佛
환희장마니보적불

無盡香勝王佛
무진향승왕불

獅子月佛
사자월불

歡喜莊嚴珠王佛
환희장엄주왕불

帝寶幢摩尼勝光佛
제보당마니승광불

十惡懺悔
## 십악참회

殺生重罪今日懺悔
살생중죄금일참회

偸盜重罪今日懺悔
투도중죄금일참회

邪淫重罪今日懺悔
사음중죄금일참회

妄語重罪今日懺悔
망어중죄금일참회

綺語重罪今日懺悔
기어중죄금일참회

兩舌重罪今日懺悔
양설중죄금일참회

惡口重罪今日懺悔
악구중죄금일참회

貪愛重罪今日懺悔
탐애중죄금일참회

瞋恚重罪今日懺悔
진에중죄금일참회

痴暗重罪今日懺悔
치암중죄금일참회


百劫積集罪　一念頓蕩盡
백겁적집죄　일념돈탕진

如火焚枯草　滅盡無有餘
여화분고초　멸진무유여


罪無自性從心起
죄무자성종심기

心若滅時罪亦亡
심약멸시죄역망

罪亡心滅兩俱空
죄망심멸양구공

是則名爲眞懺悔
시즉명위진참회


懺悔眞言
## 참회진언

옴 살바 못자 모지 사다야 사바하
옴 살바 못자 모지 사다야 사바하
옴 살바 못자 모지 사다야 사바하

准提功德聚
준제공덕취

寂靜心常誦
적정심상송

一切諸大難
일체제대난

無能侵是人
무능침시인

天上及人間
천상급인간

受福如佛等
수복여불등

遇此如意珠
우차여의주

定獲無等等
정획무등등


南無　七俱胝佛母大准提菩薩
나무　칠구지불모대준제보살

南無　七俱胝佛母大准提菩薩
나무　칠구지불모대준제보살

南無　七俱胝佛母大准提菩薩
나무　칠구지불모대준제보살


淨法界眞言
정법계진언


옴 남

옴 남

옴 남

### 護身眞言
### 호신진언

옴 치림
옴 치림
옴 치림


### 觀世音菩薩 本心微妙 六字大明王眞言
### 관세음보살 본심미묘 육자대명왕진언

옴 마니 반메 훔
옴 마니 반메 훔
옴 마니 반메 훔


### 准提眞言
### 준제진언

나무 사다남 삼먁 삼못다 구치남 다냐타
옴 자례주례 준제 사바하 부림
옴 자례주례 준제 사바하 부림
옴 자례주례 준제 사바하 부림


**我今持誦大准提**
아금지송대준제
**卽發菩提廣大願**
즉발보리광대원
**願我定慧速圓明**
원아정혜속원명

願我功德皆成就
원아공덕개성취

願我勝福遍莊嚴
원아승복변장엄

願共衆生成佛道
원공중생성불도


### 如來十大發願文
## 여래십대발원문

願我永離三惡道
원아영리삼악도

願我速斷貪瞋痴
원아속단탐진치

願我常聞佛法僧
원아상문불법승

願我勤修戒定慧
원아근수계정혜

願我恒隨諸佛學
원아항수제불학

願我不退菩提心
원아불퇴보리심

願我決定生安養
원아결정생안양

願我速見阿彌陀
원아속견아미타

願我分身遍塵刹
원아분신변진찰

願我廣度諸衆生
원아광도제중생


## 發四弘誓願
## 발사홍서원

衆生無邊誓願度
중생무변서원도

煩惱無盡誓願斷
번뇌무진서원단

法門無量誓願學
법문무량서원학

佛道無上誓願成
불도무상서원성


自性衆生誓願度
자성중생서원도

自性煩惱誓願斷
자성번뇌서원단

自性法門誓願學
자성법문서원학

自性佛道誓願成
자성불도서원성

發願已歸命禮 三寶
발원이귀명례 삼보

南無 常住十方佛
나무 상주시방불

南無　常住十方法
나무　상주시방법

南無　常住十方僧
나무　상주시방승


南無　常住十方佛
나무　상주시방불

南無　常住十方法
나무　상주시방법

南無　常住十方僧
나무　상주시방승


南無　常住十方佛
나무　상주시방불

南無　常住十方法
나무　상주시방법

南無　常住十方僧
나무　상주시방승

미혹의 시대를 건너는 반야심경, 금강경, 천수경 필사집
# 부처는 이미 내 안에 있습니다

**초판 1쇄 발행** 2025년 11월 10일

**지은이** 원명
**펴낸이** 민혜영
**펴낸곳** 오아시스
**주소** 서울특별시 마포구 월드컵로14길 56, 3~5층
**전화** 02-303-5580 | **팩스** 02-2179-8768
**홈페이지** www.cassiopeiabook.com | **전자우편** editor@cassiopeiabook.com
**출판등록** 2012년 12월 27일 제2014-000277호

ⓒ원명, 2025
ISBN 979-11-6827-370-2  03190

이 책은 저작권법에 따라 보호받는 저작물이므로 무단 전재와 무단 복제를 금지하며,
이 책의 전부 또는 일부를 이용하려면 반드시 저작권자와 (주)카시오페아 출판사의
서면 동의를 받아야 합니다.

- 오아시스는 (주)카시오페아 출판사의 인문교양 브랜드입니다.
- 잘못된 책은 구입하신 곳에서 바꿔 드립니다.
- 책값은 뒤표지에 있습니다.